中国古典名著精华

易经

〔清〕李光地 译注

刘枫 主编

黄河出版传媒集团
阳光出版社

图书在版编目（CIP）数据

易经 / 刘枫主编 .-- 银川 : 阳光
出版社，2016.8（2022.05重印）
（中国古典名著精华）
ISBN 978-7-5525-2890-9

Ⅰ.①易… Ⅱ.①刘… Ⅲ.①《周易》Ⅳ.① B221.1

中国版本图书馆 CIP 数据核字 (2016) 第 208383 号

中国古典名著精华　易经　　〔清〕李光地 译注　刘枫 主编

责任编辑　陈建琼
封面设计　瑞知堂文化
责任印制　岳建宁

黄河出版传媒集团
阳光出版社　出版发行

地　　址　宁夏银川市北京东路139号出版大厦（750001）
网　　址　http：//www.ygchbs.com
网上书店　http：//shop129132959.taobao.com
电子信箱　yangguangchubanshe@163.com
邮购电话　0951-5047283
经　　销　全国新华书店
印刷装订　天津兴湘印务有限公司
印刷委托书号　（宁）0020220

开　　本　710 mm × 1000 mm　1/16
印　　张　13.5
字　　数　162千字
版　　次　2016年11月第1版
印　　次　2022年5月第2次印刷
书　　号　ISBN 978-7-5525-2890-9
定　　价　32.80元

目　　录

《周易》上经

乾(一)

经文:

乾[①]:元亨,利贞[②]。

初九[③]:潜龙勿用[④]。

九二:见龙在田[⑤],利见大人[⑥]。

九三:君子终日乾乾[⑦],夕惕若厉[⑧],无咎[⑨]。

九四:或跃在渊[⑩],无咎。

九五:飞龙在天,利见大人。

上九:亢龙有悔[⑪]。

用九[⑫]:见群龙,无首吉[⑬]。

注释:

①乾:卦名。帛书《易经》(以下简称帛《易》)作“键”,有刚健之义。《周易》古经每一卦有六爻,凡阳爻以“－”表示,阴爻以“－ －”表示。《乾》卦纯由阳爻组成,在此象天。古今《易》本《乾》卦卦画旁多注以“乾下乾上”四字,指内外经卦皆乾,《坤》卦卦画旁则注以“坤下坤上”四字,其余卦亦同,案古时卦画即为文字,故断不会在卦画加此等注脚,此等注脚当为后世经师所加,又考南宋石经本亦无此四字,故本书悉删去此等注脚。

②元亨,利贞:《乾》卦卦辞。元:始,顺利通达。利:适合、适宜。贞:一

正故,一占问,在此为占问。

③初九:每一卦第一爻皆称“初”。《周易》六十四卦凡阳爻称“九”,阴爻称“六”。一卦六爻自下而上凡阳爻为:“初九”“九二”“九三”“九四”“九五”“上九”;阴爻为:“初六”“六二”“六三”“六四”“六五”“上六”。

④潜龙勿用:潜伏之龙,不可轻举妄动。潜:潜伏、隐藏。龙:乃中国古代吉祥之物,指春神,又说为雨神者。故先民有祭龙以求雨之俗,龙的原形,有人认为是蟒、蛇、蜥蜴、鳄鱼等动物,也有人认为来自自然之象——虹。《周易》取象于龙比喻阳气和君子。

⑤见龙在田:龙出现在田野(或地上)。见:读作“现”,有出现、呈现之义。

⑥利见大人:适宜见大人。大人:指有权势,有地位之人。

⑦乾乾:勤奋不懈。

⑧夕惕若厉:夜晚戒惧,似有危厉。厉:危。惕:戒惧。

⑨无咎:无害。咎:灾害。

⑩或跃在渊:指龙在渊中欲跃而未路之势。或:惑。古二字通用。又可释为“有的”“有人”等,此释为惑。

⑪亢龙有悔:龙飞过高则有悔。亢:崇高、极高。

⑫用九:帛《易》作“迵九”。迵:通。此是说《乾》卦六爻皆九也。

⑬无首吉:没有首领则吉。

今译:

乾:开始即通达而宜于占问。

初九:潜伏之龙,不可轻举妄动。

九二:龙呈现于田野,宜于见大人。

九三:君子白日勤奋不懈,夜间戒惧似有危厉,无害。

九四:(龙)在渊中惑于跃(而未跃),无害。

九五:龙飞于天,宜见大人。

上九:龙飞过高则有悔。

用九:呈现群龙,(群龙)无首领则吉。

坤（二）

经文：

坤①：元亨，利牝马之贞②。君子有攸往③，先迷后得主④。利西南得朋，东北丧朋⑤。安贞吉⑥。

初六：履霜，坚冰至⑦。

六二：直方大⑧，不习无不利⑨。

六三：含章可贞⑩，或从王事，无成有终⑪。

六四：括囊，无咎、无誉⑫。

六五：黄裳元吉⑬。

上六：龙战于野，其血玄黄⑭。

用六：利永贞⑮。

注释：

①坤：卦名，“为《坤》卦画，纯由阴爻组成。古《易》中“坤”作“巛”，帛《易》作“川”，坤：有柔顺之义，象地。

②利牝马之贞：远出前，乘雄马者与乘雌马者，皆占旅途吉凶，此占利于乘雌马者。牝马：雌马。贞：占。

③有攸往：有所行。攸：所。

④先迷后得主：先迷途，后得到主人。

⑤利西南得朋，东北丧朋：往西南可以得到朋友，而往东北则丧失朋友。朋：甲骨文作，原为古代货币单位，古代货币用贝计量，卜辞中有“五十朋”“七十朋”，《周易》中有“十朋之龟”，朋本为贝串，假借为朋友之朋，此指朋友。

⑥安贞吉：安于正则吉。贞：正。

⑦履霜，坚冰至：踏霜时，当知坚冰不久即至。履：踏、踩。

⑧直方大：直行横行皆一望无际。直：直行。方：横行。

⑨不习无不利：不熟悉没有不利的。不习：不熟悉，不练习。

⑩含章可贞：蕴含美德可心守正。章：美德。贞：正。

⑪或从王事，无成有终：跟从王做事，虽不能成功，但结局是好的。终：好的结果。

⑫括囊，无咎、无誉：将口袋束扎，虽不会招来灾难，也不会带来荣誉。囊：口袋。

⑬黄裳元吉：穿黄色裙裤开始即吉。黄：黄色。周人认为黄色是吉祥之色。裳：古人一般指下服。

⑭其血玄黄：龙血（着土后）青黄混杂。玄：青色。

⑮利永贞：宜于永远恪守正道。贞：正。

今译：

坤：始即通达。（此占）利于乘雌马，君子有所行，先迷途，后找到主人，西南可以得到朋友，而东北则丧失朋友。安于守正道则吉。

初六：踏霜时，当知坚冰不久即至。

六二：直行横行皆一望无际，不熟悉没有不顺利的。

六三：蕴含美德可以恪守正道。跟从王做事，虽不成功，但结局还是好。

六四：束扎口袋，虽无灾害，但也不会带来荣誉。

六五：穿黄色下服开始即吉。

上六：龙战于田野，其血（染上土后）青黄混杂。

用六：宜永远属遵守正道。

屯(三)

经文:

屯[①]:元亨,利贞。勿用有攸往[②],利建侯[③]。

初九:磐桓[④],利居贞[⑤],利建侯。

六二:屯如邅如[⑥],乘马班如[⑦]。匪寇婚媾[⑧],女子贞,不字[⑨],十年乃字。

六三:即鹿无虞[⑩],惟入于林中。君子几,不如舍[⑪],往吝[⑫]。

六四:乘马班如,求婚媾,往,吉无不利。

九五:屯其膏[⑬]。小,贞吉;大,贞凶[⑭]。

上六:乘马班如,泣血涟如[⑮]。

注释:

①屯(zhún):卦名。屯本义指草木初生,也有释为春、禾、椿者。在此象征盈塞,聚集。

②勿用有攸往:不要有所往。攸往:所往。

③建侯:封授侯位。侯:诸侯。

④磐(pán)桓:徘徊难进貌。

⑤利居贞:宜守正而居。贞:正。舍

⑥屯如邅如:为难而团团转的样子。屯:难。邅,邅转,绕圈子。如:语助词,即样子。

⑦乘马班如:骑在马上旋转不进的样子。班:旋转不进。

⑧匪寇婚媾:不是盗寇,是求婚的。匪,非:古二字相通。

⑨不字:不嫁人。字,古礼女子订婚后即用簪子插住挽起的髻。此引申不许嫁。

⑩即鹿无虞:追鹿没有虞人(作向导)。即:追逐。虞:虞人。古时入山林必有虞人做向导。

⑪君子几,不如舍:君子企望得到(鹿),不如舍弃它。几:近、企望。舍:

舍弃。

⑫往吝:“吝”与“遴”相通,行难之状,此指再往前行动。吝:困难。

⑬屯其膏:屯积油汁。屯:聚。膏:油汁。

⑭小:贞吉;大,贞凶:(屯积的)少,占问则吉;大量屯积,此占则凶。小,少,古二字通用。

⑮泣血涟如:泪水不断的样子。泣血:古人指无声泣哭。

今译:

屯:始即通顺而宜于占问,不要有所往,宜于封建诸侯。

初九:徘徊难进,有利于守正而居,利于封建诸侯。

六二:为难而团团转,乘马旋转不进,(来人)不是盗冠,是求婚的。(但)女子贞静自守,不嫁人,要过十年才许嫁。

六三:追鹿而没有虞人(作向导),(结果)被迷入林中,君子企望(得到鹿),不如舍弃(它),再往前就行动困难。

六四:乘马徘徊不进,(为的)求婚,此行吉无不利。

九五:屯积油汁,(屯积的)少,占问则吉,大量屯积此占则凶。

上六:乘马徘徊不进,泣之泪水不断。

蒙(四)

经文:

蒙[①]:亨。匪我求童蒙[②],童蒙求我。初筮告[③],再三渎[④],渎则不告。利贞[⑤]。

初六:发蒙,利用刑人[⑥],用说桎梏[⑦],以往吝[⑧]。

九二:包蒙吉[⑨],纳妇吉,子克家[⑩]。

六三:勿用取女[⑪],见金夫,不有躬[⑫],无攸利。

六四:困蒙,吝[⑬]。

六五:童蒙,吉[⑭]。

上九:击蒙。不利,为寇[⑮];利,御寇[⑯]。

注释:

①蒙:卦名。从草从豕,本义是豕上的草木。豕:高地,高地被草木覆蔽。后引申为萌发、蒙昧、幼稚、蒙蔽。

②匪我求童蒙:不是我求童蒙。童蒙:幼稚蒙昧之人。

③初筮告:第一次占筮则告诉(吉凶)。初:第一次。筮:占筮。

④再三渎:接二连三(来筮)则是渎慢(占筮)。渎:渎慢、亵渎。

⑤利贞:宜于守正道。贞:正。

⑥发蒙,利用刑人:启发蒙昧(之人),宜用于刑人(使他得到警戒)。发:启发。刑人:受刑之人。

⑦用说桎梏:脱去手脚刑具。说:在此读"脱"。古"说""脱"通用。桎梏,古代刑具,在脚称"桎",在手称"梏"。

⑧以往吝:(虽)已前往,但行动困难。以,帛《易》作"已"。吝:难行之状。古"吝""遴"通用,在此应作"遴"。

⑨包蒙吉:取其蒙昧则吉。包:先儒多解为包容、包含。此有"取"之义。古"包"字亦有"取"义。

⑩纳妇吉,子克家:娶媳妇吉,儿子成家。纳妇:儿子娶媳妇。克:成。

⑪勿用取女:不要娶此女子。取:娶。

⑫见金夫,不有躬:见有金钱的男人,即失其身。金夫:有金钱的男人。躬:身子。

⑬困蒙,吝:困于蒙昧,必有悔吝。

⑭童蒙,吉:孩子的幼稚蒙昧,主吉。

⑮击蒙。不利,为寇:治蒙昧者方法不适宜,蒙昧者可变成盗寇。击:治、惩治。

⑯利,御寇:(若)方法适宜,蒙昧者可御防盗寇。

今译:

蒙:亨通顺利。不是我求童蒙,而是童蒙求我。初次占筮则告诉(吉凶),再三(来占问)是渎谩(占筮),渎漫则不告诉(吉凶)。(此占)宜于守正道。

初六:启发蒙昧者,宜用刑人(使之得到警戒),脱去(刑人)桎梏,(虽)已可往,(但)行动仍很困难。

九二:取其蒙昧幼稚则吉。娶媳妇吉,儿子成家。

六三:不要娶此女子。(她)见了有金钱的男人即失身。(这婚事)没有好处。

六四:被蒙昧所困,必有悔吝。

六五:孩子的幼稚,主吉。

上九:惩治蒙昧方法不适宜,蒙昧者可变为盗寇。若适宜,蒙昧者可防御盗寇。

需(五)

经文:

需[①]:有孚[②],光亨[③],贞吉[④]。利涉大川[⑤]。

初九:需于郊,利用恒[⑥],无咎。

九二:需于沙,小有言[⑦],终吉。

九三:需于泥,致寇至[⑧]。

六四:需于血,出自穴[⑨]。

九五:需于酒食[⑩],贞吉。

上六:入于穴,有不速之客[⑪]三人来;敬之,终吉。

注释:

①需,卦名。帛《易》作"襦"。其本义为古代求雨之祭。需:从雨从而,而为天之隶变,故需与雨、天有关,正如《象》云:"云上于天,需。"《周易正义》释曰:"若言云上于天,是天之欲雨,待时而落,所心明需。"因而需为待雨。又案经有"光亨",光通广,王引之《经义述闻》:"广之为言,犹广也。"亨为祭祀,故"光亨"即"广亨",需又有广泛祭祀之义,故需为祭雨。有需与雩二字相通为旁证。雩,《说文》云:"雩,夏祭乐于赤帝以祈甘雨也。"《公羊传》曰:"大雩者何,旱祭也。"《月令》曰:"仲夏之月,大雩帝,用盛乐,乃命百县雩祀……以祈谷实。"而需与雩字形相近,又同为虞韵平声,因而在上古是相通的。故需本义为求雨之祭。后引申为等待、需要等意

②有孚:有诚信。孚:诚信。

③光亨:广泛祭祀。"光"通"广"。亨,祭祀。(详见《随》卦注释[⑩])

④贞吉:占之得吉。贞:在此作"占问"。

⑤利涉大川:宜涉越大河。大川:大河。

⑥需于郊,利用恒:停留在邑郊,适合守恒。郊:古指邑外。恒:一常规,一久。

⑦需于沙，小有言：逗留在沙滩上，少有口舌是非。小：帛书《易》作“少”，古“小”“少”通。言：责难，诃谴。

⑧需于泥，致寇至：逗留于泥泞中，以招致盗寇。寇：盗寇、掠夺。

⑨需于血、出自穴：停留在沟洫中，离开自己居住地方。血：洫。《说卦传》：“坎为水、为沟渎……为血卦”。血：洫通。穴：古人居住的山洞、土洞。

⑩需于酒食：停留在酒宴上。

⑪不速之客：没有邀请而来的客人。速：邀请、召。

今译：

需：有诚信而广泛祭祀，占问则吉，宜于涉大河。

初九：停留在旷野中，持之以恒，则无灾害。

九二：停留于沙滩中，少有口舌是非，最终得吉。

九三：停留于泥泞中，以至招来盗寇。

六四：停留在沟洫中，离开居住的地方。

九五：停留在酒食中，占之则吉。

上六：进入自己居住的地方，有三个不速之客来，（如果）以礼敬之，最终得吉。

讼(六)

经文:

讼①:有孚,窒惕②。中吉,终凶③。利见大人。不利涉川。

初六:不永所事④,小有言,终吉。

九二:不克讼⑤,归而逋⑥其邑人三百户,无眚⑦。

六三:食旧德⑧,贞厉⑨,终吉。或从王事,无成⑩。

九四:不克讼,复即命⑪,渝安贞⑫,吉。

九五:讼,元吉⑬。

上九:或锡之鞶带⑭,终朝三褫之⑮。

注释:

①讼,卦名。有争辩诉讼之意。

②窒惕:后悔害怕。窒:通咥,觉悔。惕:怨惧。"窒惕"帛《易》作"洫宁"。

③中吉,终凶:争讼过程中虽有吉,但最终还是凶。

④不永所事:不为争讼之事纠缠不休。永:恒常、长久。所:其。事:讼事。

⑤不克讼:没有在争讼中取胜。克:胜。

⑥归而逋:回来后要逃避。逋:逃、躲避。

⑦其邑人三百户无眚:其邑人三百户无灾。邑:古城市。眚(shěng)目疾生翳,此引申为灾难、妖祥。

⑧食旧德:享用旧的恩德。食:享用。相当于食邑的"食",即古官吏享用分封采邑税收。旧德:指先祖的遗德。

⑨贞厉:占之虽有危厉。厉:危厉。

⑩或从王事,无成:迷惑地跟从君王做事,则无所成功。或:通惑。

⑪复即命:反悔就从命。复,反。即:就。命:天命。

⑫渝安贞：改变初衷，安于正道。渝：变。贞：正。

⑬讼，元吉：争讼开始得吉。元：开始。

⑭或赐之鞶带：迷惑地（在争讼中）被赐鞶带。锡、赐：古二字通。鞶（pán）带：古时依官品颁赐的腰带。

⑮终朝三褫之：（鞶带）一天三次被剥夺。褫（chǐ）：剥夺。

今译：

讼：有诚信，后悔惧怕。（争讼）中有吉，（但）最终还是凶。适合见大人，（但）不宜涉越大河。

初六：不为争讼之事纠缠不休，少有口舌是非，最终得吉。

九二：没有在争讼中取胜，返回后要逃避。其邑人三百户无灾害。

六三：享用旧有恩德，占之虽有危厉，而最终得吉。迷惑跟从君王做事，无所成功。

九四：没有在争讼中取胜，反悔就从命，改变初衷，安守正道则吉。

九五：争讼开始得吉。

上九：迷惑地（在争讼中）被赐以鞶带，一日之内又三次被剥夺。

师(七)

经文:

师[①]:贞丈人[②]。吉,无咎。

初六:师出以律[③],否臧凶[④]。

九二:在师中[⑤],吉,无咎。王三锡命[⑥]。

六三:师或舆尸[⑦],凶。

六四:师左次[⑧],无咎。

六五:田有禽,利执言[⑨],无咎。长子帅师,弟子舆尸[⑩],贞凶。

上六:大君有命[⑪],开国承家[⑫],小人勿用。

注释:

①师:卦名。代表众、军旅。

②贞丈人:占问率师之人。贞:占问。丈人:德高望重之人,此处"丈人"指主帅。

③师出以律:出兵作战当依乐律进退。律:军队赖以号令进退的乐律。

④否臧凶:不然,出师虽顺成亦凶。否(pǐ),恶:帛《易》作"不"。臧:古者奴婢贱称,又有善之意;此指执事顺成。

⑤在师中:即在中军,此象征军队有巩固中心。古时天子作三军,以主帅居中军。

⑥王三赐命:君王三次赐命嘉其功劳。锡,赐。王三次赐命,一说为一命受职,二命受服,三命受位;一说为一命授爵,二命受服受车,三命受马。

⑦师或舆尸:出师疑惑,无主攻方向,以致战败,载尸而归。或:惑。舆:车,以此指车载。

⑧师左次:军队驻扎左方。次:舍、驻扎。

⑨田有禽,利执言:田中有禽兽,利捕捉之。田:田野;又有田猎之意。禽:禽兽。执:执缚、捕捉。言,借为焉,二字古通用。

⑩长子帅师,弟子舆尸:长子师军作战,次子以车载尸。长子,系指作战主帅。弟子,次子。

⑪大君有命:大君论功封爵赐命。大君,君王、天子。

⑫开国承家:封诸侯,开创千乘大国;授大夫,世袭百乘之家。

今译:

师:占问率师这人,吉,无灾。

初六:出兵当依乐律进退,不然,出师虽顺成亦有凶。

九二:军队有巩固的中心,吉,无灾。王三次赐命(嘉奖)。

六三:出师疑惑,以致战败,载尸而归。凶。

六四:军队驻扎于左方,则无灾害。

六五:田中有禽兽,宜捕捉之,无灾害。长子率师作战,次子以车载尸,占问凶。

上六:大君论功封爵赐命。封诸侯,开创千乘大国;授卿士大夫,世袭百乘之家。

比(八)

经文:

比[①],吉,原筮[②],元永贞[③],无咎。不宁方来,后夫凶[④]。

初六:有孚比之[⑤],无咎。有孚盈缶[⑥],终来有它[⑦],吉。

六二:比之自内[⑧],贞吉。

六三:比之匪人[⑨]。

六四:外比之[⑩],贞吉。

九五:显比[⑪],王用三驱[⑫],失前禽[⑬]。邑人不诫[⑭]。吉。

上六:比之无首[⑮],凶。

注释:

①比:卦名。甲骨文像二人靠近亲密无间状。有亲辅、依附之义。

②原筮:再筮。原:再一次。

③元永贞:开始即永守正道。贞:正。

④不宁方来,后夫凶:不安宁事并行而至,后来的人有凶。不宁,不安。方来,并行而至。后夫,指后来的人。

⑤有孚比之:有诚信而亲辅。孚:诚信。

⑥有孚盈缶:有诚信象酒之满缶。缶:是盛酒的瓦盆。

⑦终来有它:最终有意外情况。它又作他,意外之事。

⑧比之自内:亲辅来自内部。

⑨比之匪人:所亲辅的并非应当亲辅之人。匪:非。帛《易》作“非”。

⑩外比之:向外亲辅。

⑪显比:显明之比,即光明的正大的亲辅。

⑫王用三驱:王用三驱之礼狩猎。三驱,天子狩猎,三面驱兽,网开一面。

⑬失前禽,最前面禽兽逃走,古天子狩猎前开一面,禽向己则舍之,背己

则射之，因而往往失前禽。

⑭邑人不诫：邑人不害怕。诫：惧。

⑮比之无首：亲辅而没有首领。

今译：

比：吉。再次占筮，开始即应永远守正，无灾咎。不安宁的事将并行而至，后来之人要有凶。

初六：有诚信而亲辅，无咎。诚信多得象酒之满缶，最终虽有意外，（仍然）吉。

六二：亲辅来自内部，占问则吉。

六三：所要亲辅的并非应当亲辅之人。

六四：向外亲辅，占问则吉。

九五：显明之亲辅，王用三面之礼狩猎，失去最前面的禽兽，邑人都不害怕，吉祥。

上六：亲辅而没有首领，凶。

小畜(九)

经文:

小畜①:亨。密云不雨②,自我西郊③。

初九:复自道④,何其咎,吉。

九二:牵复⑤,吉。

九三:舆说辐⑥,夫妻反目⑦。

六四:有孚,血去惕出⑧,无咎。

九五:有孚挛如⑨,富以其邻⑩。

上九:既雨既处⑪,尚德载⑫,妇贞厉。月几望⑬,君子征凶。

注释:

①小畜,卦名。小,少。畜:又作“畜”,有积聚、畜养之义。

②密云不雨:阴云密布而无雨。

③自我西郊:(密云)起自我方西郊。

④复自道:自己返回。复,返。自道:自导,自我引导。

⑤牵复:被领回来。

⑥舆说辐:车身与车轴分离。舆:车。帛《易》作“车”。说:脱。辐:即輹。帛《易》作“緮”“輹”“緮”通,指古代车子上连接车身与车轴的部件。

⑦夫妻反目:夫妻不和,怒目而视。反目,怒目而视。

⑧血去惕出:去掉忧虑,排除惊恐。血:即恤、忧虑。惕:惊恐。

⑨有孚挛如:以诚信系恋。挛:恋。

⑩富以其邻:与邻居共同富有。以:与

⑪既雨既处:天已雨,雨已停。既:已。处:居、止。

⑫尚德载:(遇车)可以得载。德:得。

⑬月几望:古历每月十六日为“既望”。几:既。几望:即既望。

今译:

小畜:亨通。阴云密布起自我西郊,但无雨。

初九:自己返回,会有什么灾!吉。

九二:被领回来,吉。

九三:车身与车轴分离,夫妻怒目而视。

六四:有诚信,摈弃忧虑,排除惊惧,无灾。

九五:以诚信系恋,与邻居同富。

上九:天已雨,雨已止,(这车)尚可运载。妇女占之危厉。在月内既望之日,君子出征则凶。

履(十)

经文:

履虎尾[①],不咥人[②],亨。

初九:素履往[③],无咎。

九二:履道坦坦[④],幽人贞吉[⑤]。

六三:眇能视,跛能履[⑥],履虎尾,咥人凶,武人为于大君[⑦]。

九四:履虎尾。愬愬,终吉[⑧]。

九五:夬履[⑨],贞厉。

上九:视履考祥[⑩],其旋元吉[⑪]。

注释:

①履虎尾:踏老虎尾巴。履,卦名。帛《易》作“礼”。有践踏、履行之义。

②不咥人:不咬人。咥(dié),噬、咬。

③素履往:穿素色之鞋去,素履,白色无文彩的鞋。

④履道坦坦:道路平坦。坦坦,指平坦。

⑤幽人贞吉:求人占之则吉。幽人,求人。

⑥眇能视,跛能履:偏盲而视,脚跛而行。眇(miǎo),偏盲。古“能”“而”互通。

⑦武人为于大君:武人为大君效劳。为,有作为。

⑧愬愬,终吉:虽怀恐惧而最终得吉。愬愬(sù),畏惧貌。

⑨夬履:决然而行。夬(guài),决。

⑩视履考祥:审视其履行,考察其福祸吉凶。视,审视。考,考察。祥。福祸。

⑪其旋元吉:只有返回始可得吉。旋,一指周旋、无亏;一指返回。

今译：

踩老虎尾巴，(老虎)不咬人，(此占)亨通。

初九：穿素鞋去，无灾。

九二：道路平坦，求人占之则吉。

六三：偏盲而视，脚跛而行，踩老虎尾巴，(老虎)咬人，凶。武人为大君报效。

九四：踩老虎尾巴，恐惧而最终得吉。

九五：决然而行，占之将有危厉。

上九：审视其履行，考察其福祸吉凶，只有返回始可得吉。

泰(十一)

经文:

泰[①]:小往大来[②],吉,亨。

初九:拔茅茹以其汇[③],征吉。

九二:包荒,用冯河[④]。不遐遗[⑤],朋亡[⑥],得尚于中行[⑦]。

九三:无平不陂,无往不复[⑧],艰贞无咎[⑨],勿恤其孚[⑩],于食有福[⑪]。

六四:翩翩[⑫],不富以其邻[⑬],不戒以孚[⑭]。

六五:帝乙归妹以祉[⑮],元吉。

上六:城复于隍[⑯],勿用师,自邑告命[⑰],贞吝[⑱]。

注释:

①泰:卦名。帛《易》作“柰”。亨通顺利之卦。

②小往大来:谓占得此卦,失去的小,得到的大。

③茹以其汇:指草根牵连其类。茹,根。汇,类。

④包荒,用冯河:取其大川,足涉长河。包,取。荒,大川。冯(píng),徒涉。

⑤不遐遗:不因偏远而有遗弃。遐,偏远。

⑥朋亡:即不忘。帛《易》作“弗忘”。

⑦得尚于中行:畅行道中而得赏。中行,在道路正中而行。“尚”通“赏”。

⑧无平不陂,无往不复:没有只平不坡的,没有只往不返的。陂,倾斜。复,返回。

⑨艰贞无咎:艰难中守正,可以无害。艰,艰难。贞,正。

⑩勿恤其孚:不必忧虑返回。恤:忧虑。孚:返回。通“复”,帛《易》作“復”。

⑪于食有福:有口福之战。

⑫翩翩：飞鸟之貌，在此以喻人轻浮的样子。

⑬不富以其邻：不与邻人同富，“以”作“与”“及”解。

⑭不戒以孚：不以诚信告诫。戒，告诫。

⑮帝乙归妹以祉：帝乙嫁女，以此得福。帝乙，有一说为纣王之父、一说为成汤。归妹，指少女出嫁。归，女子嫁人。祉，福。

⑯城复于隍：城墙倾倒塌于城壕中。复，覆。隍(huǎng)，城下沟壕。

⑰自邑告命：在邑中祷告天命。

⑱贞吝：占将有悔吝。吝，悔吝。

今译：

泰：失去者小，得到者大，吉顺亨通。

初九：拔茅草牵连其类，预示出征作战吉顺。

九二：行取大川，足涉长河，不因偏远而有遗忘. 道中而行受到赏赐。

九三：没有只平而不坡，没有只往而不返的。在艰难中守正则可以无咎。不要忧虑返归，(此占)将有口福之吉。

六四：来往翩翩，不与邻人同富，(也)不以诚信相告诫。

六五：帝乙嫁女于人，以此得福，开始即吉。

上六：城墙倒塌于城壕中，不能出师，(必须)在邑中祷告天命，占之有悔吝。

否(十二)

经文:

否之匪人[①],不利君子贞[②],大往小来。

初六:拔茅茹以其汇,贞吉,亨。

六二:包承[③],小人吉,大人否亨[④]。

六三:包羞[⑤]。

九四;有命,无咎[⑥]。畴离祉[⑦]。

九五:休否[⑧],大人吉。其亡其亡,系于苞桑[⑨]。

上九:倾否[⑩],先否后喜。

注释:

①否之匪人:否,卦名,帛《易》作"妇"。有阻隔闭塞之义。此卦卦名与卦辞相连,意谓被闭塞的不是那些应该受到闭塞的人。

②不利君子贞:此占不利君子。贞,占。

③包承:取其承包顺意。古"包"有取义。

④大人否亨:大人不顺利。否,不。

⑤包羞:取其进献之物。羞,进献。

⑥有命,无咎:君有赐命而无咎。有命,有赐命。

⑦畴离祉:众人依附而同得福禄。畴,众,离,附。祉,福。

⑧休否:闭塞已经休止。休,休止、为美。

⑨系于苞桑:系于植桑树而不亡。苞,植。

⑩倾否;闭塞倾倒,即结束闭塞的意思。倾,倾倒。

今译:

隔闭阻塞的不是(那些应该阻隔)的人。不利君子占,(此占)失去的大,得到的小。

初六:拔茅草,牵连其类,占之则吉,亨通顺利。

六二:取其承包顺意,小人吉,大人不顺。

六三:取其进献之物。

九四:(君)有赐命而无咎。众人依附同得福禄。

九五:闭塞已经休止,大人吉利。将要亡呵,将要在亡呵,幸亏植桑而未亡。

上九:闭塞已经倾覆。先闭塞,后喜悦。

同人(十三)

经文:

同人于野[①],亨。利涉大川,利君子贞。

初九:同人于门[②],无咎。

六二:同人于宗,吝[③]。

九三:伏戎于莽[④],升其高陵[⑤],三岁不兴[⑥]。

九四:乘其墉,弗克攻[⑦],吉。

九五:同人,先号咷而后笑[⑧],大师克相遇[⑨]。

上九:同人于郊[⑩],无悔。

注释:

①同人于野:与人和同,其亲辅之情达于旷野。同人,卦名;有与人和同、集结、亲辅之意。野:旷野,古代邑外谓郊,郊外谓野。

②同人于门;与人和同,其亲辅之情达于门外。于门,既于门外。

③同人于宗,吝:只与宗族人和同则难行。宗,宗族。吝,难行。

④伏戎于莽:设伏兵于林莽之中。戎,军队。莽,林丛。

⑤升其高陵:登上高陵观察形势。升,登。帛《易》作“登”。

⑥三岁不兴:三年不兴兵。岁,年。

⑦乘其墉,弗克攻:登上城墙,不继续进攻。乘,登上、攻占。墉(yōng),城墙。

⑧同人,先号咷而后笑:齐心协力,先哭后笑。号咷(táo),啼呼、号哭。

⑨大师克相遇:大军攻克(城)而会师。大师,大军。

⑩同人于郊:与人和同亲辅于邑郊。邑外曰郊。

今译：

处旷野与人和同亲辅，亨通。宜于涉越在河，利君子行其正道。

初九：与人和同亲辅之情达于门外，无灾。

六二：只与宗族内和同亲辅，则难行。

九三：伏兵于林莽之中，（又）登上高陵（观察形势），（恐怕）三年不能兴兵。

九四：登上城墙，不再继续进攻。吉。

九五：与人和同亲辅，先号哭而后笑，大军克（城）会师。

上九：与人和同亲辅于邑郊，无悔。

大有(十四)

经文:

大有[①]:元亨。

初九:无交害。匪咎艰则无咎[②]。

九二:大车以载,有攸往[③],无咎。

九三:公用亨于天子,小人弗克[④]。

九四:匪其彭[⑤],无咎。

六五:厥孚交如,威如[⑥],吉。

上九:自天祐之[⑦],吉,无不利。

注释:

①大有:卦名。"有"字本义是手持月以耕植。月,指耒耜之类,故古谓丰年曰"有",大丰年曰"大有"。此为丰盛、众多,富有的意思。

②无交害。匪咎艰则无咎:未涉及利害,没有灾祸根源则无灾。匪,非。艰,根、即根源。帛《易》作"根"。

③大车以载,有攸往:以大车载物,有所往。攸,所。

④公用亨于天子,小人弗克:公侯向天子朝献贡品,但小人不能做到。亨,通享,指朝献。古亨字除作亨通外,享献之享,烹饪之烹,皆作亨字。帛《易》作"芳",乃音近与享字通假。

⑤匪其彭:不以盛大骄人。匪,非。彭(páng),盛大。

⑥厥孚交如,威如:其诚信之交,有其威严。厥,其。孚,诚信。威,威严、威敬。

⑦自天祐之:有上天保佑。祐,即佑、保佑。

今译:

大有:始即通达。

初九:未涉及利害,没有灾难根源则无灾。

九二:以大车载物,有所住,无灾。

九三:公侯向天子朝献贡品,小人做不到。

九四:不以盛大骄人,无灾。

六五:其诚信之交,有其威严。吉。

上九:有上天保佑,吉,无不利。

谦(十五)

经文:

谦[1]:亨,君子有终[2]。

初六:谦谦君子[3],用涉大川,吉。

六二:鸣谦[4],贞吉。

九三:劳谦[5],君子有终,吉。

六四:无不利,㧑谦[6]。

六五:不富以其邻,利用侵伐[7],无不利。

上六:鸣谦,利用行师,征邑国[8]。

注释:

①谦:卦名。有谦让、谦逊之义。

②君子有终:君子有好的结果。有终,有好的结果。

③谦谦君子:谦而又谦的君子。谦谦,小心谨慎貌。

④鸣谦:有名而谦。鸣,名声。

⑤劳谦:有功劳而能谦。劳,功劳。

⑥㧑谦:发挥其谦。㧑(huī),本义为裂开。此指举、发挥。

⑦不富以其邻,利用侵伐:不与其邻同富,宜用讨伐(惩治)。

⑧利用行师,征邑国:利于出兵征讨邑国。征,征讨、讨伐。

今译:

谦:亨通。君子有好的结局。

初六:君子谦而又谦,用以涉越大河,吉。

六二:有名而谦,占问吉利。

九三:有功而谦,君子有好的结果,吉。

六四:无不顺利,发挥其谦。

六五:不与邻居同富,宜用讨伐(惩治),无所不利。

上六:有名望而又谦虚,(这样才)宜于出兵,讨伐邑国。

豫(十六)

经文：

豫①:利建侯,行师②。

初六:鸣豫③,凶。

六二:介于石,不终日,贞吉④。

六三:盱豫,悔⑤;迟,有悔⑥。

九四:由豫,大有得⑦,勿疑,朋盍簪⑧。

六五:贞疾,恒不死⑨。

上六:冥豫,成有渝⑩,无咎。

注释：

①豫:卦名。本义为象之大。引申为娱乐、怠厌。帛《易》作“馀”。

②利建侯,行师:宜于建侯国,用兵作战。侯,侯国。行师,用兵。

③鸣豫:喜逸悦乐而闻名。鸣,名。

④介于石,不终日,贞吉:坚贞如同磐石,不待终日,占问得吉。介:中正坚定,亦有解作纤小、触摸者。古文作“砎”。帛《易》作“疥”。于,如。

⑤盱豫,悔:仰视于上,以媚颜附势为乐,则有悔。盱(xū),张目、指得势喜悦之貌。

⑥迟,有悔:迟疑不决,则有后悔。迟,迟疑。

⑦由豫,大有得:从事娱乐。(而)丰盛富有。由,从,用。由豫,即从事娱乐。大有得,指丰盛富有。

⑧勿疑,朋盍簪:至诚不疑,朋友合聚。勿,不。朋,朋友。盍(hé),合。簪,古代用来绾头发的针形首饰。此引申为连合,聚会。

⑨贞疾,恒不死:占问疾病,长久不死。贞,占问。疾,疾病。恒,长久。

⑩冥豫，成有渝：日暮仍在娱乐，事虽成，而有变。冥，日暮天晚。渝，变。

今译：

豫：宜于封建侯国及用兵作战。

初六：以喜逸悦乐而闻名，将有凶。

六二：坚贞如磐石，不待终日，占问得吉。

六三：仰视（媚颜）为乐，将有悔；迟疑不决，亦有悔。

九四：用娱乐而丰盛富有，无需疑虑，朋友聚合如簪。

六五：占问疾病，（此病）长久不死。

上六：日暮仍醉于娱乐，事虽成而有变。（却）无灾害。

随(十七)

经文:

随[1],元亨,利贞[2],无咎。

初九:官有渝,贞吉[3],出门交有功[4]。

六二:系小字,失丈夫[5]。

六三:系丈夫,失小子。随有求得。利居贞[6]。

九四:随有获,贞凶[7]。有孚在道,以明,河咎[8]?

九五:孚于嘉[9],吉。

上六:拘系之,乃从维之,王用亨于西山[10]。

注释:

①随:卦名。有"从"之义。

②元亨,利贞:开始即亨通顺利,宜守正道。元,开始。亨,通达。贞,守正。

③官有渝,贞吉:馆舍有变,占这则吉。"官"通"馆",指馆舍。

④出门交有功:出门交遇而有功效。交,交遇、交往。

⑤系小子,失丈夫:捆绑小孩,失掉了成人。系,捆绑。小子,儿童。丈夫,成人。

⑥随有求得,利居贞:随从别人,因求而有得,利于居家守正。随,从。

⑦随有获,贞凶:随从别而有所获,占问则凶。获,古代奴婢贱称,此指收获。

⑧有孚在道,以明,何咎?有诚信而守正道,且有盟誓,有何灾害?明,通盟。

⑨孚于嘉:有诚信于善美。嘉,善而美。

⑩拘系之,乃从维之,王用亨于西山:先囚禁,后释放,大王(因此而)

祭享于西山。(另有说此爻指文王囚于羑里故事)。拘系,囚禁。从维,释放,亨,甲骨文为,像一座建于高大台基上的宗庙,故有享受祭祀进献之义。

今译:

随:开始即通达而宜于守正,无灾害。

初九:馆舍有变,占之则吉:出门有所交遇,而得到功效。

六二:捆绑小孩,失掉了成年人。

六三:捆绑成年人,失掉小孩,随从别人,有求而得,利于居家守正。

九四:随从别人而有所获,占问则凶。(然而)存诚信而守正道,且有盟誓,有何灾害?

九五:存诚于善美,吉。

上六:先遭囚禁,后又获释,(为此)大王祭享于西山。

蛊(十八)

经文:

蛊[1]:元亨,利涉大川。先甲三日,后甲三日[2]。

初六:于父之蛊,有子,考无咎[3]。厉,终吉。

九二:干母之蛊,不可贞[4]。

九三:干父之蛊,小有悔[5],无大咎。

六四:裕父之蛊,往见吝[6]。

六五:干父之蛊,用誉[7]。

上九:不事王侯,高尚其事[8]。

注释:

①蛊(gǔ):卦名。“蛊”字本义为器皿中食物腐败生虫。“蛊”字在此有“事”“惑”“乱”之义,引申为过失。帛《易》作“箇”。

②先甲三日,后甲三日:古代用甲、乙、丙、丁、戊、巳、庚、辛、壬、癸十天士循环记日,甲前三日为辛日,壬日、癸日、而乙日、丙日、丁日为甲后三日。亦有说“先甲三日”指辛日,“后甲三日”指丁日者。

③干父之蛊,有子,考无咎:匡正父亲过失,有这样儿子,(父亲)便没有灾祸。干,匡正、挽救。考,古人对活着的父亲或亡父皆称“考”。帛《易》作“巧”,盖以音近通假。

④干母之蛊,不可贞:匡正母亲之失,不可固执守正。

⑤小有悔:多少有些后悔。小,少。帛《易》也作“少”。悔,后悔。

⑥裕父之蛊,往见吝:对待父亲的失惑,需宽裕处之,前往仍出现羞辱。裕,宽裕。吝,羞辱。

⑦干父之蛊,用誉:以荣誉匡正父亲过失。用,以。誉,荣誉。

⑧不事王侯,高尚其事:不为王侯做事,高尚自守其事。

今译：

蛊：始即亨通顺利，宜于涉越大河，（当以）甲前三日，甲后三日（为宜）。

初六：匡正父亲过失，有这样儿子，（则父亲）没有灾祸。虽有危厉，最终得吉。

九二：匡正母亲之失，不可固执守正。

九三：匡正父亲之失，虽多少有些后悔，（但却）无大过。

六四：宽容父亲之失，前往仍出现羞辱。

六五：以荣誉匡正父亲之失。

上九：不为王侯做事，高尚自守其事。

临(十九)

经文:

临[①]:元亨,利贞。至于八月有凶[②]。

初九:咸临,贞吉[③]。

九二:咸临,吉,无不利。

六三:甘临,无攸利[④]。既忧之,无咎[⑤]。

六四:至临,无咎[⑥]。

六五:知临,大君之宜[⑦],吉。

上六:敦临[⑧],吉,无咎。

注释:

①临:卦名。本义为从高视下。引申为进、治等。此取治意,指统治者临民相洽。帛《易》作"林"。

②至于八月有凶:到八月将有凶事。

③咸临,贞吉:以感化之心临民,占之则吉。咸,即感。

④甘临,无攸利:仅凭甜言蜜语临民,是无所利的。甘,甘言。即甜言蜜语。

⑤既忧之,无咎:已能忧之,则可无咎。既,已。

⑥至临,无咎:指下临民情,至,下。

⑦知临,大君之宜:聪明睿智治民(处理事变)深得国君所宜。知:通智。宜,妥当、妥帖。

⑧敦临:敦厚临民。敦,厚道。

今译:

临:开始亨通顺利,利于守正,到八月将有凶事。

初九:以感化之心而临民,占之则吉。

九二：以感化而临民，吉无不利。

六三：只凭甜言蜜语临民是没有利的。已知此而忧之，则无灾害。

六四：下临民情，则无灾。

六五：聪明睿智而临民，懂得大君之所宜，则吉。

上六：以厚道临民，吉利，无灾害。

观(二十)

经文:

观[①]:盥而不荐[②],有孚颙若[③]。

初六:童观[④],小人无咎,君子吝。

六二:闚观,利女贞[⑤]。

六三:观我生,进退[⑥]。

六四:观国之光,利用宾于王[⑦]。

九五:观我生,君子无咎。

上九:观其生,君子无咎[⑧]。

注释:

①观:卦名。有瞻仰、观察、考察的意思。

②盥而不荐:祭前先洗手自洁,而不必奉献酒食以祭。盥(guàn),古代祭典祭前洗手谓之盥。荐:奉献酒食以祭。

③有孚颙若:有诚信而崇敬之貌。孚,诚信。颙(yóng)若,崇敬仰慕之貌。

④童观:幼稚地观看。

⑤闚观,利女贞:由门缝中向外偷看,宜女子守正。闚,从门缝中向外偷看。

⑥观我生,进退:由《象传》"'观我生',观民也",可知古人以"生"指庶民,此指国君观察自己的庶民。

⑦观国之光,利用宾于王:观看考察一国的风俗民情,则宜用宾客之礼朝见王。宾,即仕。古代德行之士,前往朝廷,天子以宾客之礼相待。国之光,即一国风俗民情。

⑧观其生:观看考察其他国家庶民。

今译:

观,祭祀前洗手自洁,而不必奉献酒食以祭。(心存)诚信而崇敬之貌可仰。

初六:幼稚地观察(问题),小人无灾,(而)君子则难以成事。

六二:从门缝中窥视,(还)宜女子守正。

六三:观察审视自己的庶民以定其施政的进退。

六四:观察一国风俗民情,宜用宾主之礼朝见国王。

九五:观察自己的庶民,君子无灾。

上九:观察他国庶民,君子无灾。

噬嗑(二十一)

经文：

噬嗑[①]:亨,利用狱[②]。

初九:屦校灭趾[③],无咎。

六二:噬肤灭鼻[④],无咎。

六三:噬腊肉,遇毒,小吝[⑤],无咎。

九四:噬乾胏,得金矢,利艰贞[⑥],吉。

六五:噬乾肉,得黄金,贞厉[⑦],无咎。

上九:何校灭耳[⑧],凶。

注释：

①噬嗑(shìhé):卦名。有咬合之意。以齿咬物为"噬",合口为"嗑""噬嗑"即为齿咬物合口咀嚼。以象征刑罚

②利用狱:适合于处理刑狱之事。狱,刑狱。

③屦校灭趾:刑具加于足上而遮没了脚趾。屦,即履。此指加在足上。校,古代木制刑具的通称,加于颈称"枷",加于手称"梏",加于足称"桎"。灭,遮没。

④噬肤灭鼻:吃肉而掩其鼻。噬,吃。肤,肉。一般指柔软、肥美之肉,古代将此肉放在鼎中作为祭祀叫"肤鼎"。

⑤噬腊肉,遇毒,小吝:吃干肉中毒,小有不适。腊,干肉。古礼有"腊人",专掌制作干肉。

⑥噬乾胏,得金矢,利艰贞:吃带骨肉干,遇到铜制箭头,(这预示着)宜于艰难中守正。乾,干。胏(zǐ),肉中有骨。金,即铜。

⑦噬乾肉,得黄金,贞厉:吃肉干而咬出黄铜来,占之则有危厉。贞,占。厉,危厉。

⑧何校灭耳:脖子上负荷着遮没耳朵的木枷。何,即荷、载。校,此指刑

具中的枷。

今译：

噬嗑：亨通，宜于处理刑狱之事。

初九：刑具遮没了脚趾，无灾。

六二：吃肉淹没鼻子，无灾。

六三：吃干肉中毒，小有不适，但无灾。

九四：吃带骨肉干，遇到铜箭头。宜于艰难中守正则吉利。

六五：吃肉干得到黄铜，占之有危厉，无灾。

上九：荷带遮灭耳朵的木枷。凶。

贲(二十二)

经文:

贲[①]:亨,小利有攸往[②]。

初九:贲其趾,舍车而徒[③]。

六二:贲其须[④]。

九三:贲如濡如,永贞吉[⑤]。

六四:贲如皤如,白马翰如[⑥],匪寇婚媾[⑦]。

六五:贲于丘园,束帛戋戋[⑧],吝,终吉。

上九:白贲[⑨],无咎。

注释:

①贲(bì):卦名。有修饰,文饰之义。帛《易》作"蘩"。

②小利有攸往:有小利可以前往。

③贲其趾,舍车而徒:饰其脚趾,弃车徒步而行。趾,脚趾。徒,徒步。

④贲其须:修饰其鬚。须,鬚。指面毛与胡鬚。

⑤贲如濡如,永贞吉:修饰、润色,长久守正则可得吉。如,语助词。濡,湿润而光泽。永,长久。贞,正固。

⑥贲如皤如,白马翰如:修饰素白,白马奔驰如飞。皤(pó),老人发白曰"皤",此指白色文素之貌。翰如:言马奔跑如鸟飞之疾

⑦匪寇婚媾:不是强盗,是来求婚的。匪,即非。寇,盗寇。

⑧贲于丘园,束帛戋戋:修饰家园,只以寥寥束帛。丘园,家园。帛,丝织品总称。戋戋,即残残。指很少。

⑨白贲:以白色装饰。

今译:

贲:亨通,有小利,可以前往。

初九:饰其脚趾,弃车徒步而行。

六二:饰其面毛胡须。

九三:修饰、润色、长久守正则可得吉。

六四:修饰如此素白,白马奔驰如飞,(他们)不是强盗,是来求婚的。

六五:修饰家园,虽然只有残残束帛,显得吝啬,但最终得吉。

上九:用白色装饰,无灾。

剥(二十三)

经文:

剥[①]:不利有攸往。

初六:剥床以足、蔑贞,凶[②]。

六二:剥床以辨[③],蔑贞,凶。

六三:剥之,无咎。

六四:剥床以肤[④],凶。

六五:贯鱼以宫人宠[⑤],无不利。

上九:硕果不食,君子得舆,小人剥庐[⑥]。

注释:

①剥:卦名。有剥灭,浸蚀之意。《彖传》:"剥床以足,灭下也"是其证。

②剥床以足,蔑贞,凶:剥蚀先及床足,剥灭正道,凶。蔑,一说灭,一说无。

③剥床以辨:剥蚀床干。辨,床干。

④剥床以肤:剥蚀床危及肌肤。肤,先儒有二解:一说人之肤,一说辨上称肤。似以前说为是。

⑤贯鱼以宫人宠:受宠爱宫人如贯鱼。贯,穿。以绳穿物曰贯。贯鱼,即以绳穿鱼,此指相次而入。宫人,宫中嫔妾。

⑥硕果不食,君子得舆,小人剥庐:有硕大之果而不食,(意味着)君子可得到车舆,小人则被剥去屋舍。舆,车。庐,房舍。

今译:

剥:不宜有所往。

初六:剥蚀床先及床脚,灭正道,凶。

六二:剥蚀床干,灭正道,凶。

六三:剥蚀而无灾。

六四:剥蚀床危及肌肤,凶。

六五:受宠宫人如贯鱼,无所不利。

上九:有硕大之果而不食,君子可得到车舆,小人则剥去屋舍。

复(二十四)

经文:

复[①]:亨,出入无疾[②],朋来无咎[③]。反复其道[④],七日来复[⑤],利有攸往。

初九:不远复,无祇悔[⑥],元吉。

六二:休复[⑦],吉。

六三:频复[⑧],厉,无咎。

六四:中行独复[⑨]。

六五:敦复[⑩],无悔。

上六:迷复,凶,有灾眚[⑪]。用行师,终有大败。以其国君凶,至于十年不克征[⑫]。

注释:

①复:卦名。有复返,还归之义。

②出入无疾:出入无疾病。疾:疾病,亦有解"疾"为快速者,然以"无疾"与"无咎"对文看,当以解"疾"为疾病妥。

③朋来无咎:朋友来无灾害。朋,朋友。

④反复其道:还反其道。反,返。复,还。

⑤七日来复:此句古今有多种解释,主要有:一阳气始,终于《剥》,至阳气来《复》,需经七日。二,以五月《姤》卦一阴生,至十一月《复》卦,一阳生。凡经七爻,历七次变化。三,以《坎》《震》《离》《兑》四正卦,每卦六爻,每爻主一节气,其余六十卦,共三百六十爻,分主一年三百六十日又四分日之一,因而一卦主六日七分,即:

3651/4 日 ×1/60 =67/80 日

此近七日,即"七日"之源。四:以十月末,纯《坤》用事,《坤》卦将尽,则《复》阳来,隔《坤》一卦六爻为六日,《复》来成《震》,一阳爻生共为七日。以上四说,以第一说为胜。

⑥不远复，无祇悔：失之不远就返回，没有造成过多的悔恨。祇(qí)，大、多。帛《易》“祇”作“提”。“提”为“禔”字之借，“祇”“提”“禔”古时通。

⑦休复：休止(失误)而复返(正道)。休：一说休止，一说美、喜、喜庆。此为休止。

⑧频复：频繁地复返。频，帛《易》作“编”有频繁之义。

⑨中行独复：行道路正中，独自复归。中行，由道路正中行走。

⑩敦复：敦促而复返。敦，敦促。亦有解敦厚者。当以前说为胜。

⑪迷复，凶，有灾眚：入迷途而求复，凶，有灾害。眚，此指灾害。

⑫用行师，终有大败，以其国君凶，至于十年不克征：用以行作战，最终大败，累及其国君有凶，以至于十年之久，不能出征讨伐。以，及。不克征，不能出兵征战。

今译：

复：亨通，出入无疾病，朋友来无灾咎。返还其道，需(经)七日往者复来，(故)利有所往。

初九：不远就返回，没有造成大的悔恨。(故)开始即吉利。

六二：休止(失误)而复返正道，吉利。

六三：频繁地复返，有危厉，无咎。

六四：由道路正中独自返回。

六五：敦促而复返，无悔恨。

上六：入迷途而求复返，凶，有灾害。用以行师作战，最终将有大败，危及国君凶，以至于十年不能出兵征战。

无妄(二十五)

经文:

无妄[①]:元亨利贞。其匪正有眚[②],不利有攸往。

初九:无妄,往吉。

六二:不耕获,不菑畬[③],则利有攸往。

六三:无妄之灾,或系之牛,行人之得,邑人之灾[④]。

九四:可贞,无咎[⑤]。

九五:无妄之疾,勿药有喜[⑥]。

上九:无妄行有眚,无攸利。

注释:

①无妄:卦名。先儒释"妄"为虚妄。又有释"妄"为望为乱者,帛《易》作"无孟""孟"有勉意,"无孟"为"无勉"。由此而考之,释"无妄"作"无望"为妥。亦有意想不到释意。

②其匪正有眚:(如果)不守正道则有灾异。匪,非。匪正,不守正道。眚,灾异。

③不耕获,不菑畬:不耕云而收获,不开荒而有熟田。菑(zī),荒田,此为开垦。畬(yú),古三岁治田称"畬",亦即熟田。

④无妄之灾,或系之牛,行人之得,邑人之灾:意想不到的灾。有人系牛于此,被行人顺手偷走,(结果)邑人有失牛之灾。邑,乡邑。

⑤可贞,无咎:此事可占,无灾。《象传》:"'可贞无咎',固有之也"。可证其解贞为占。

⑥无妄之疾,勿药有喜:意想不到的疾病,不必用药,而自愈。疾,疾病。古人指病愈为有喜。

今译:

无妄:始即亨通宜于守正。不守正道则有灾异,不宜有所往。

初九:无所冀望而往,则吉。

六二:不耕耘而有收获,不开荒而有熟田耕种,则利有所往。

六三:意想不到的灾,有人系牛于此,行人顺手偷得,邑人因此而有失牛之灾。

九四:(事情)可占问而无灾。

九五:意想不到的病,不必用药而愈。

上九:无所冀望而行则有灾眚,没有什么利。

大畜(二十六)

经文:

大畜[①]:利贞。不家食[②]、吉。利涉大川。

初九:有厉,利已[③]。

九二:舆说輹[④]。

九三:良马逐,利艰贞[⑤],日闲舆卫[⑥],利有攸往。

六四:童牛之牿[⑦],元吉。

六五:豮豕之牙[⑧],吉。

上九:何天之衢[⑨],亨。

注释:

①大畜:卦名。畜有畜养、积聚之义。大畜即大地蓄积。

②不家食:不在家吃饭,而是食禄于朝。故《彖传》曰:"'不家食吉',养贤也"。

③有厉,利已:有危厉,宜停止。厉,危厉。已,停止。

④舆说輹:车子与车轴分离。说,即脱。

⑤良马逐,利艰贞:良马驰逐,宜艰难中守正。逐,追。贞,正。

⑥日闲舆卫:每日练习用车马防卫。日,《周易正义》及帛《易》作"曰"。闲,练习。

⑦童牛之牿:童牛角上著以横木(使它无法顶人)。童牛,小牛。牿(gú),牛角上横木。古人驯牛在牛角上系的横木,使其无法顶人。帛《易》作"鞫";九家易作"告",鞫、告、牿、梏皆以同音通假。

⑧豮豕之牙:以木桩将小猪拴起来以防跑掉。豮(fén),小猪仔。"牙"为拴猪仔的木桩。另一说"豮"为阉割小猪,此句之意为阉割小牡猪的生殖器,则牙齿虽存而不再伤人。但由经文六四爻"童牛之牿"考之,似以前说为妥。

⑨何天之衢:意谓肩负天之通途。衢,四通八达之路。何,荷。

今译:

大畜,利于守正,不求食于家,利于涉越大河。

初九:有危厉,宜于停止

九二:车身与车轴分离。

九三:良马驰逐,宜艰难中守正。每日练习用车马防卫,宜有所往。

六四:施牿于童牛角上(以防抵人)。始而得吉。

六五:以木桩将猪仔拴住(防止跑掉),有吉。

上九:肩荷天道,亨通顺利。

颐(二十七)

经文:

颐[①]:贞吉。观颐,自求口实[②]。

初九:舍尔灵龟,观我朵颐[③],凶。

六二:颠颐、拂经,于丘颐,征凶[④]。

六三:拂颐、贞凶[⑤]、十年勿用,无攸利。

六四:颠颐,吉。虎视眈眈,其欲逐逐[⑥],无咎。

六五:拂经,居贞,吉。不可涉大川。

上九:由颐,厉吉[⑦],利涉大川。

注释:

①颐:卦名。颐,即腮部。食物由口入而养生,故"颐"又引申为"养"。

②观颐,自求口实:茈卦恐记录周人相面之卦。观看别人两腮(的长相),就知他能否自己挣饭吃。观颐,观察别人两腮。口实,口中有食物。

③舍尔灵龟,观我朵颐:舍掉你灵龟(卜出的龟兆),(全凭)观看我隆起的两腮。舍,舍弃。尔,你。灵龟,古人认为龟不食,而且长寿,因则灼其甲以卜,故称这谓"灵龟"。朵颐,两腮隆起状。颠颐,两腮不停颠摇。亦有训"朵颐"为嚼食之貌者。

④颠颐,拂经,于丘颐,征凶:两腮不停摇动,又拂击其胫与背。此塞之相出征则凶。拂、击。经,即胫丘,汉帛《易》作"北"。谓手不停击胫及背。

⑤拂颐,贞凶:击其腮,占之则有凶。贞,占。

⑥虎视眈眈,其欲逐逐:(两眼)虎视威猛有神,面容长得敦实厚道。虎视眈眈,双眼威猛有神。欲,帛《易》作"容",由初九爻"观我朵颐",六二爻"颠颐"、六三爻"拂颐",上九爻"由颐"考之,皆言面容腮部,故以帛本作"容"为是。逐逐,古人解作"敦实",指人面容长的敦实厚道。

⑦由颐,厉吉:从人的两腮看,虽有危厉,但可以转吉。

今译：

颐：占之则吉，观看两腮（的长相），便知（此人）自己能谋求口中之食。

初九：舍弃你灵龟（的卜兆仅凭）观看我隆起的两腮，凶。

六二：两腮不停摇动，（又）拂击其胫与背，此腮（之相）出现则凶。

六三：拂击腮，占之则凶，十年之久无所用。没有什么利。

六四：动两腮，吉。（两眼）虎视威猛有神，面容长的敦实厚道，无咎害。

六五：击胫，居而守正，则吉，不可涉越大河。

上九：由其腮看，虽有危厉，（但）有吉，利涉越大河。

大过(二十八)

经文:

大过[①]:栋桡[②],利有攸往,亨。

初六:藉用白茅[③],无咎。

九二:枯杨生稊,老夫得其女妻[④],无不利。

九三:栋桡,凶。

九四:栋隆,吉。有它吝[⑤]。

九五:枯杨生华,老妇得其士夫[⑥],无咎,无誉。

上六:过涉灭顶[⑦],凶,无咎。

注释:

①大过:卦名。有大的过失之义。过,失。

②栋桡:房屋栋梁弯曲。房屋主梁称为"栋"。桡,曲木,引申为曲折。

③藉用白茅:用白色茅草铺地(摆设祭品),以表示虔敬。藉,铺垫。茅,茅草。

④枯杨生稊,老夫得其女妻:枯萎的杨树生出小嫩芽,老夫娶得小娇妻。稊,即老根长出的新芽。

⑤栋隆,吉。有它吝:主梁隆起,吉利。但将有其他意外悔吝。隆,隆起。有它,出现特殊意外。

⑥枯杨生华,老妇得其士夫:枯萎的杨树开了花,老妇又得小丈夫。华,花。"士夫"即年轻丈夫。

⑦过涉灭顶:(不知深浅)涉水过河,(以至于)水没头顶。灭,没。顶,首。

今译:

大过:房屋栋梁(因负重而)弯曲,宜于有所往,亨通。

初六:用白色茅草铺地(陈设祭品以示敬)无灾害。

九二:枯萎杨树发新枝,老夫又得小娇妻(这)没有什么不利。

九三:栋梁被压弯曲,凶。

九四:栋梁隆起,则吉利;但将有悔吝。

九五:枯萎杨树重开花,老妇又得小丈夫,无害,亦无誉。

上六:(盲目)涉水过河,(以致水)没头顶。但(因遇救)而无灾害。

坎(二十九)

经文：

习坎[①]:有孚维心,亨,行有尚[②]。

初六:习坎,入于坎窞[③],凶。

九二:坎有险,求小得[④]。

六三:来之坎,坎险且枕[⑤]。入于坎窞,勿用。

六四:樽酒簋,贰用缶,纳约自牖[⑥],终无咎。

九五:坎不盈,祗既平[⑦],无咎。

上六:系用徽纆,寘于丛棘,三岁不得[⑧],凶。

注释：

①坎:卦名。有陷,险之义。因卦体内外二经卦皆坎,故“习坎”。习,重复。“习坎”即重坎。有重险之意。汉帛《易》作“习赣”,古“坎”“赣”二字相通。

②有孚唯心,亨,行有尚:有诚信系之于心,亨通顺利,行动受到奖赏。孚,诚信。维,维系。尚,赏

③入于坎窞:入坎险穴中。窞(dàn),小穴。

④坎有险,求小得:坎中有险,(故)其求仅有小得。

⑤来之坎,坎险且枕:来去皆坎,坎水险而且深。“之”,往、去。枕,沈、深。

⑥樽酒簋,贰用缶,纳约自牖:(行祭时)樽中酒簋(中黍稷),并副之以缶,(祭时)由窗口纳勺于樽以取酒。樽(zūn),古代酒器。簋(guǐ),古代盛黍稷的竹器。贰,副。约,酌酒之勺。牖(yǒu),窗户。

⑦坎不盈,祗既平:坎陷未满盈,(需)安定而险自平。祇,一说安;一说为小丘。

⑧系用徽纆,ッ于丛棘,三岁不得:用黑色绳索捆缚,又被置于监狱,三

年不得出来。系，捆绑。徽纆(mò)，古代捆绑罪人的黑色绳索。置(zhì)，置。丛棘，古代在狱外种的荆棘，据说有“九棘”，以防罪人逃跑，犹如现在的铁丝网。三岁不得，在狱中囚三年。古代疑狱三年而后断。

今译：

重重坎险，(然而)有诚系于心，亨通，行必有赏。

初六：重重坎险，入坎险穴中，凶。

九二：坎中有险(故)其求仅有小得。

六三：来去皆坎，坎险且深，入坎险穴中。(此爻占者)不可用。

六四：(祭时)樽中酒并簋(中黍稷)又副之以缶，自窗口纳勺(酌酒)，终无灾。

九五：坎陷未满盈，(需)安定则险自平，无咎灾。

上六：用黑色绳索捆绑(罪人)，置于监狱，(此人)被囚三年。有凶。

离(三十)

经文:

离[①]:利贞,亨。畜牝牛[②],吉。

初九:履错然敬之[③],无咎。

六二:黄离,元吉[④]。

九三:日昃之离[⑤],不鼓缶而歌[⑥],则大耋之嗟[⑦],凶。

九四:突如其来如,焚如,死如,弃如[⑧]。

六五:出涕沱若,戚嗟若[⑨],吉。

上九:王用出征,有嘉折首,获匪其丑[⑩]无咎。

注释:

①离:卦名。帛《易》作"罗"。古"离""罗"二字通,"离"古文象手执网捕鸟。"罗"古评论和"离"象鸟入网状,故"离"有网意,引申为捕捉、分离。离又通"丽",有附著,经历,光明等意。

②畜牝牛:畜养母牛。畜,养。牝,母。

③履错然敬之:帛《易》作"礼昔然敬之",帛《易》"履"作"礼""错"作"昔",古"错""昔"二字互假。

④黄离,元吉。用黄色网猎取禽兽,开始即吉。离为网。商周时代尚黄色故吉。

⑤日昃之离:日斜张网(捕禽兽)。昃,日过中午。

⑥不鼓缶而歌:不敲击缶而唱歌。缶,瓦盆,可作为乐器之用。鼓,敲打。

⑦大耋之嗟:老人发出叹息。耋(dié),老年人的通称。古人称老年人为"耋年"。嗟,叹息。

⑧突如其来如,焚如,死如,弃如:不孝之子返家,(人们因不孝)将他焚烧,置于他死地,抛弃他。突,古人逐出不孝之子为"突"。来,返回家。焚、

死、弃,是家人施于不孝之子的刑罚。亦有解"突"为烟囱者,然而九三爻"大耋之嗟"思之,似解"突"为不孝子为胜。

⑨出涕沱若,戚嗟若:泪如雨下,忧戚叹息。沱若,滂沱状。喻游戏泪满面如雨。若,样子。戚,忧伤。嗟,叹息。

⑩王用出征,有嘉折首,获匪其丑:君王用兵出征,有令嘉奖能折服首恶的人,执获的不是一般随从者。嘉,嘉奖。折,折服。匪,非。丑,同类,随从者。

今译:

离,利于守正,亨通。畜养母牛,吉。

初九:行礼开始即应崇敬,无灾咎。

六二:黄色罗网(捕捉禽兽)开始即吉。

九三:日斜张网(捉禽兽),不敲击而唱歌,老人发出叹息,凶。

九四:被逐的不孝之子返回,(人们将他)焚烧、治死、抛弃。

六五:泪如雨下,忧戚叹息,吉。

上九:君王用兵出征,有令嘉奖折服首恶者。执获的(俘虏)不是一般随从者,(故而)无咎。

《周易》下经

咸(三十一)

经文:

咸[1]:亨,利贞。取女,吉[2]。

初六:咸其拇[3]。

六二:咸其腓[4],凶。居吉。

九三:咸其股,执其随[5],往吝。

九四:贞吉,悔亡。憧憧往来,朋从尔思[6]。

九五:咸其脢[7],无悔。

上六:咸其辅颊舌[8]。

注释:

①咸:卦名。有感应,交感之意,引申为夫妇之道。

②取女,吉:娶此女,则吉利。取,娶。

③咸其拇:脚拇趾感应而动。拇,即脚大指。

④咸其腓;腿肚子感应而动。腓(fēi),腿肚子。

⑤咸其股,执其随:大腿感应而动,操执(身体)随之而动。执,操执。股,大腿。

⑥憧憧往来,朋从尔思:往来心意不定,朋友们顺从你的想法。憧憧,心意不定、往来不绝。尔,你。

⑦咸其脢:脊背感应则动。脢(méi),背。

⑧咸其辅颊舌:(此喻说话时)因感而牙床、面颊、舌头齐动。辅,牙床。颊,面颊。

今译:

咸:亨通顺利,宜于守正。娶女,吉。

初六:脚大指感应而动。

六二:腿肚子感应而动,凶。居家不出,吉。

九三:大腿感应而动,(身体)随之而动,前往则困难。

九四:占问吉,悔事消亡。来往心意不定,朋友们顺从你的想法。

九五:脊背感应而动,无悔。

上六:(说话时)因感而牙床、面颊、舌头齐动。

恒(三十二)

经文:

恒[1]:亨,无咎。利贞,利有攸往。

初六:浚恒,贞凶[2],无攸利。

九二:悔亡[3]。

九三:不恒其德,或承之羞,贞吝[4]。

九四:田无禽[5]。

六五:恒其德,贞妇人吉,夫子凶[6]。

上六:振恒[7],凶。

注释:

①恒:卦名,长久的意思。

②浚(jùn)恒,贞凶:求之太久,占问则有凶。汉帛《易》之"浚恒"与上六爻"振恒"皆作"夐恒"。夐,古人解作"求"。此正与《象传》:"'浚恒'之凶。始求深也"相符,由此而考之,"浚""振""夐"皆以音近通假,故皆可作"求"解。即求之太久,占之则凶。

③悔亡:无悔事。亡,无。

④不恒其德,或承之羞,贞吝:不能恒守其德,因而蒙受羞辱,占问有吝。承,蒙受。

⑤田无禽:(此占)田中无禽兽。

⑥恒其德,贞妇人吉,夫子凶:恒守其德,占问妇人吉,(而)男人则凶。夫子,指男人。

⑦振恒:恒久而求。

今译:

恒:亨通,无咎,宜于守正,利有所往。

初六:恒久而求,占问则凶,没有什么利。

九二:无悔事。

九三:不能恒守其德,因而蒙受羞辱,占问有吝。

九四:田中无禽兽。

六五:恒守其德,占妇夫人吉,(而)男人则凶。

上六:恒久而求。凶。

遯(三十三)

经文:

遯[①]:亨小,利贞[②]。

初六:遯尾,厉[③],勿用有攸往。

六二:执之用黄牛之革,莫之胜说[④]。

九三:系遯,有疾厉[⑤];畜臣妾[⑥],吉。

九四:好遯,君子吉,小人否[⑦]。

九五:嘉遯,贞吉[⑧]。

上九:肥遯[⑨],无不利。

注释:

①遯(dùn):卦名。又作“遁”。帛《易》作“掾”。古人多解作逃避、隐退。然初六爻曰“遯尾”,六二爻称“执之”,九三爻有“系遯”,九四、九五、上九爻又有“好遯”“嘉遯”“肥遯”之辞,由此而考之,卦中“遯”字之义,恐如高亨先生所解,“遯”乃“豚”,谓小猪。

②亨小,利贞:少有亨通,宜于占问。

③遯尾,厉:猪尾有被割断之险。

④执之用黄牛之革,莫之胜说:用黄牛皮捆缚它,不能挣脱。执,缚。革,皮。说,脱。

⑤系遯,有疾利:捆绑小猪,使(小猪)有疾病而危厉。

⑥畜臣妾:畜养奴隶。古者称男奴隶为臣,女奴隶为妾。

⑦好遯,君子吉,小人否:小猪惹人喜爱,君子吉利,小人不吉利。好,喜爱。

⑧嘉遯,贞吉:小猪受到赞美,占问则吉利。嘉,赞美。

⑨肥遯:小猪被养肥,(利于作祭品)。

今译:

遯:少有亨通,宜于占问。

初六:猪尾有被割之险,故不要有所往。

六二:用黄牛皮捆缚它,不能挣脱。

九三:捆绑小猪,而有疾病,危险;畜养奴隶而吉利。

九四:小猪惹人喜爱,君子吉利,小人不吉利。

九五:小猪受到赞美,占问则吉利。

上九:小猪被养肥,(利于作祭品),没有什么不利的。

大壮(三十四)

经文:

大壮:[1]利贞。

初九:壮于趾,征凶,有孚[2]。

九二:贞吉。

九三:小人用壮,君子用罔[3],贞厉。羝羊触藩,羸其角[4]。

九四:贞吉,悔亡。藩决不羸,壮于大舆之輹[5]。

六五:丧羊于易[6],无悔。

上六:羝羊触藩,不能退,不能遂[7],无攸利。艰则吉。

注释:

①大壮:卦名,有盛大,上进之意,又有伤之意,《彖传》曰:"'大壮,利贞'大者正也"。显然解"贞"为正。

②壮于趾,征凶,有孚:伤着脚趾,出征有凶。(但是)有诚信。壮,伤。趾,脚趾,帛《易》作"止"。古趾、止通假。

③小人用壮,君子用罔:小人以盛大骄人君子用无为处世。壮,盛。罔,即"无"。无所作为,又有解作"纲"者。

④羝羊触藩,羸其角:公羊去触藩篱,(结果)被绳索缠住了角。羝(dī)羊,牡羊。藩,篱。羸(léi),大绳索,又解为困。

⑤藩决不羸,壮于大舆之輹:藩篱(被公羊触)裂,不再受绳索束缚。并触坏大车之辐。壮,伤。舆,车。輹(fù),辐。

⑥丧羊于易:羊丧失在场院。"易"字本意,按《说文》为蜥蜴蝘蜓守宫,甲骨文中"易"字像双手捧壶向杯中倒酒或水之状,以示易换。卜辞中"易日"即今日、变日。"周易"之"易"也是此意,此爻中"易"通场,即场,今天农村中的场院。用以晒粮,打场,即此俗之沿袭。

⑦羝羊触藩,不能退,不能遂:公羊以角触藩篱,(角被挂住)既不能退,

又不能进。遂,进。

今译:

大壮:利于守正。

初九:伤着脚趾,出征有凶;但有诚信。

九二:守正吉。

九三:小人以盛壮骄人,君子用无为处世。占之危厉。公羊抵藩篱,被绳索缠住了角。

九四:守正则吉,悔事消亡。藩篱(被公羊触)裂,不再受绳索捆缚,并触坏大车之辐。

六五:场中丧失羊,无悔。

上六:公羊抵藩篱(角被挂住)既不能退,也不能进,无所利,(预示经历)艰难才能得吉。

晋(三十五)

经文:

晋[①]:康侯用锡马蕃庶[②],昼日三接[③]。

初六:晋如摧如,贞吉[④]。罔孚,裕无咎[⑤]。

六二:晋如愁如,贞吉[⑥]。受兹介福于其王母[⑦]。

六三:众允,悔亡[⑧]。

九四:晋如鼫鼠[⑨],贞厉。

六五:悔亡,失得勿恤[⑩],往吉,无不利。

上九:晋其角,维用伐邑[⑪],厉吉,无咎,贞吝。

注释:

①晋:卦名,有进意。

②康侯用锡马蕃庶:康侯得到王赏赐的马很多。康侯:一说泛指安康的侯爵;一说为周武王的弟弟卫康叔。似以前者为是。锡,赐。蕃庶,繁育,在此有众多之义。

③昼日三接:一日之内三次接见。

④晋如摧如,贞吉:前进受阻,守正则吉。晋,进。摧,挫折、受阻、毁坏,又说为忧愁。

⑤罔孚,裕无咎:无诚信,宽容处之方能无咎。罔,无。裕,宽容。

⑥晋如愁如,贞吉:前进、忧愁,守正则吉。

⑦受兹介福于其王母:从祖母那里受此大福。兹,此。介,大。王母,祖母。

⑧众允,悔亡:众人信任,悔事消亡。允,信。亡,无。

⑨晋如鼫鼠:进如大鼠。高亨先生以为此"如"应作"似"解,甚妥。鼫(shí)鼠:硕鼠,即大鼠。

⑩悔亡,失得勿恤:悔事消亡,誓必有得,勿虑。失,帛《易》作"矢"有誓

之意。恤,忧虑。

⑪晋其角,维用伐邑:进其锐角,用为计伐城邑。邑,城邑。

今译:

晋:康侯享用(王)赏赐的马很多,一日之内三次接见。

初六:前进受阻,守正吉。(此人)无诚信,宽容处之方能无咎。

六二:前进忧愁,守正吉。从祖母那里受此大福。

六三:众人信任,悔事消亡。

九四:进如大鼠,占问有危厉。

六五:悔事消亡,势必有得,勿忧愁,前往则吉,无所不利。

上九:进其锐角,用来讨代城邑,虽危厉而可得吉,无灾,占问将有羞吝。

明夷(三十六)

经文:

明夷[①]:利艰贞。

初九:明夷于飞,垂其翼[②];君子于行,三日不食[③]。有攸往,主人有言[④]。

六二:明夷,夷于左股,用拯马壮[⑤],吉。

九三:明夷于南狩,得其大首,不可疾贞[⑥]。

六四:入于左腹,获明夷之心,于出门庭[⑦]。

六五:箕子之明夷[⑧],利贞。

上六:不明晦,初登于天,后入于地[⑨]。

注释:

①明夷:卦名。夷,通痍,为伤。离为日为明。明夷即光明损伤。此指日食。

②明夷于飞,垂其翼:明夷鸟飞时,垂下左翼。由"明夷于飞"与"君了于行"对文看,"明夷"显然是一种鸟。古代认为日中有三足鸟,马王堆帛画中就有类似的日上飞鸟。此飞鸟是否与"明夷于飞"有关?由经文中出现"飞""翼"字眼考,"明夷"指一种飞鸟无疑。"飞"帛《易》作"蜚",又,帛《易》中有"左"字,为"垂其左翼"。由六二爻"夷于左股"六四爻"入于左腹"考之,当以帛《易》为是。

③君子于行,三日不食:君子外行,三日吃不到饭。

④主人有言:遭主人责备。言,即责备。

⑤明夷,夷于左股,用拯马壮:日食时伤了左腿,要用强壮的马拯救。夷,伤,又作"睇"即旁视之状。股,腿,亦有解"股"为般,指旋者。拯,拯救。帛《易》作"撜"另有古本作"抍"。"拯""𨇤""抍"三字古皆通。

⑥明夷于南狩,得其大首,不可疾贞:日食时,到正南方放火烧草狩猎。南面为"离"位,放火烧草狩猎于离位——此恐当时日食时一种驱灾的仪式。

结果得到一匹踏雪马。不可急于训正使用。于，往。狩，放火烧草而猎。首，古人称四蹄皆白的马曰“首”，俗称“踏雪马”。疾，急。

⑦入于左腹，获明夷之心，于出门庭：此爻古人多解，估计也是日食时人们驱灾的一种仪式，认为明夷神鸟进入左腹，这样在左腹处获明夷神鸟的心，又象征性地将此心送至门庭之外。

⑧箕子之明夷：箕子在发生日食时。箕子，商纣贤臣，商纣王的叔父。

⑨不明晦，初登于天，后入于地：（发生日食时）天空变得晦暗不明，开始日升上天，后来又进入地中。晦，不明。登，升。

今译：

明夷：宜于艰难中守正。

初九：明夷神鸟飞时垂下了左翼。君子路上行时，三日吃不到饭，（虽）有所往，但受到主人责备。

六二：日食伤了左腿，用强壮的马才能救之而有吉。

九三：日食时到南郊放火烧草狩猎，得到一匹踏雪马，不可急于训整（使用）。

六四：在左腹获明夷（神鸟）之心。并送出门庭。

六五：箕子在发生日食时，宜于守正。

上六：（日食时）天空晦暗不明，开始日升于天，后入于地中。

家人(三十七)

经文:

家人[①]:利女贞[②]。

初九:闲有家[③],悔亡。

六二:无攸遂,在中馈[④],贞吉。

九三:家人嗃嗃[⑤],悔厉,吉。妇子嘻嘻[⑥],终吝。

六四:富家,大吉[⑦]。

九五:王假有家,勿恤[⑧],吉。

上九:有孚威如[⑨],终吉。

注释:

①家人:卦名。一家之人。此卦乃反映家庭关系的最古文献资料。

②利女贞:利于女守正。贞,正。

③闲有家:家中有防备,闲:防。亦有作“习”者。

④无攸遂,在中馈:(女人)无所抱负,只在家中做饭。遂,目的、愿望。馈,做饮食以侍候人。中馈,内馈、家中馈。

⑤家人嗃嗃:家人经常受到嗃嗃严斥。嗃嗃(hè),严厉斥责声,喻治家严厉。

⑥妇子嘻嘻:妇人和孩子整天骄佚喜笑。喻家道不严。嘻嘻:骄佚喜笑之貌。

⑦富家,大吉:使家庭富裕是最大的吉利。

⑧王假有家,勿恤:王到其家,勿忧愁。假(gé),至。帛《易》作“叚”。“假”“叚”古通用。

⑨有孚威如:有诚信而又威严。威,威严。

今译:

家人:宜于女人守正。

初九:家中有备,悔事可消亡。

六二:无所抱负,在家中做饭,占问则吉。

九三:家人经常受到严厉斥责。(使人)悔而危厉,(最终)吉。妇女孩子嘻嘻笑笑,最终导致羞吝。

六四:使家庭富裕,大吉利。

九五:王到其家,勿忧愁。有吉。

上九:有诚信而又威严,最终得吉。

睽(三十八)

经文:

睽[1]:小事吉。

初九:悔亡。丧马勿逐,自复,见恶人,无咎[2]。

九二:遇主于巷[3],无咎。

六三:见舆曳,其牛掣[4],其人天且劓[5]。无初,有终[6]。

九四:睽孤遇元夫,交孚[7],厉,无咎。

六五:悔亡。厥宗噬肤,往何咎[8]。

上九:睽孤见豕负涂,载鬼一车[9]。先张之弧,后说之弧[10],匪寇婚媾。往遇雨则吉。

注释:

①睽(kuí):卦名。原义为目不相视,引申为违背、乖异、隔膜。帛《易》作"乖"。

②丧马勿逐,自复。见恶人,无咎:丧失马匹不必追寻,自己就会返回。见到恶人也无咎害。逐,追。帛《易》作"遂",古逐,遂通假。"恶"帛《易》作"亚""亚"当为"恶"字之借。

③遇主于巷:在小巷中遇见了主人。巷,里中小道。

④见舆曳,其牛掣:见车被牵引,牛双角竖起。舆,车。曳(yè)牵引。掣(chè),两角竖起。

⑤其人天且劓:赶车人受墨刑和劓刑。在罪人额头上刺字曰"天",周朝叫"墨刑"。劓(yì),割掉罪人的鼻子,称"劓刑"。

⑥无初,有终:起初无利,最终有好的结果。无初,起初受刑没有利。

⑦睽孤遇元夫,交孚:乖异而孤独之际。遇到善人,以诚相交。元,善。夫,人。孚,诚信。

⑧厥宗噬肤,往何咎:其与宗人吃肉,前往有什么咎害!厥,其。噬,吃。

肤,柔软的肉。

⑨睽孤见豕负涂,载鬼一车:乘异孤独之时,看见猪背上沾满泥。又有一车鬼。豕,猪。涂,泥土。

⑩先张之弧,后说之弧:先张弓射箭,后喜悦置酒相庆。“先张之弧”的“弧”为弓。“后说之弧”的“弧”为壶。帛《易》作“壶”。说,悦、喜庆。

今译:

睽:小事吉利。

初九:悔事消亡,丧失的马不必追寻,自己会返回,见到恶人无咎害。

九二:在小巷中遇见主人,没有咎害。

六三:看见车被牵引,牛的双角竖起,赶车人又受到墨刑和劓刑。最初虽有磨难,最终有好的结果。

九四:乖异孤独之际,遇到善人,交之以诚信,虽危厉,无咎害。

六五:悔事消亡,与其宗人吃肉,前往有何灾害。

上九:乘异孤独之时,见猪满身泥土,又有一车鬼。先张弓欲射,后喜悦置酒相庆,不是盗寇,是求婚的。前往遇到雨则吉利。

蹇(三十九)

经文:

蹇[1]:利西南,不利东北[2]。利见大人,贞吉。

初六:往蹇,来誉[3]。

六二:王臣蹇蹇,匪躬之故[4]。

九三:往蹇,来反[5]。

六四:往蹇,来连[6]。

九五:大蹇,朋来[7]。

上六:往蹇,来硕[8],吉。利见大人。

注释:

①蹇:卦名。蹇(jiǎ),原意为跛,引申为行动不便,有险难之意。

②利西南,不利东北:往西南去有利,往东北去不利。古人以为新月产生在西南,残月消失在东北,故以西南有利,东北不利。

③往蹇,来誉:往遇险难,得来荣誉。

④王臣蹇蹇,匪躬之故:王的臣子,历尽重重险难,并不是为了自身的缘故。匪,非。躬,自身。

⑤往蹇,来反:往遇险难,(不如)返回来。反,返。

⑥往蹇,来连:往遇险难,来亦险难。"连"通"辇",有险难之意。

⑦大蹇,朋来:大难中,朋友来助。

⑧往蹇,来硕:往遇险难,来则从容。硕,大。在此有从容以待之意。

今译:

蹇:利西南,不利东北。利于见大人。占问则吉。

初六:往遇险阻,却得来荣誉。

六二:王的臣子,历尽重重艰险,不是为了自身的缘故。

九三:往遇险难,(不如)返回来。

六四:往遇险难,来亦险难。

六五:大难中朋友来助。

上六:往遇险难,来则从容,吉。宜于见大人。

解(四十)

经文:

解[①]:利西南。无所往,其来复,吉。有攸往,夙吉[②]。

初六:无咎。

九二:田获三狐,得黄矢[③],贞吉。

六三:负且乘,致寇至[④],贞吝。

九四:解而拇,朋至斯孚[⑤]。

六五:君子维有解[⑥],吉。有孚于小人[⑦]。

上六:公用射隼于高墉之上[⑧],获之,无不利。

注释:

①解:卦名。其原意为一神兽,此为解除,缓解之义。

②有攸往,夙吉:有所往,(行动)早吉。攸,所。夙,早。

③田获三狐,得黄矢:田猎获三只狐狸,又得到金色箭头。田,田猎。黄矢,金色箭头的箭。

④负且乘,致寇至:肩负东西而乘车,招致盗寇来(打劫)。负,肩负。

⑤解而拇,朋至斯孚:解开被束缚的拇指,朋友至此相信。拇,古人指手与脚的大拇指。斯,此。

⑥君子维有解:君子被缚而又解脱。"维"帛书作"唯",指捆缚。

⑦有孚于小人:取得了小人的相信。

⑧公用射隼于高墉之上:王公射鹞鸟于高墙之上。公,职称,古代分公、侯,伯,子、男五等。隼(sǔn),鹞鸟。又说为鹞。苍鹰之属。墉,城墙。

今译:

解:宜于西南,无可往之处,(只能)回到原处。吉。(若)有所往(行动)早吉。

初六:无灾害。

九二:田猎获三只狐狸,(又)得金色箭头,占之吉。

六三:肩负东西而又乘车,招致了盗寇来(打劫)占之羞吝。

九四:解开被缚的拇指,朋友至此才会诚信。

六五:君子被捆缚又得解脱,吉利。得到小人相信。

上六:王公射鹰隼于城墙之上,获得它,无所不利。

损(四十一)

经文:

损[①]:有孚,元吉,无咎,可贞,利有攸往。曷之用?二簋可用享[②]。

初九:巳事遄往,无咎;酌损之[③]。

九二:利贞,征凶,弗损,益之[④]。

六三:三人行则损一人,一人行则得其友[⑤]。

六四:损其疾,使遄有喜[⑥],无咎。

六五:或益之十朋之龟,弗克违[⑦],元吉。

上九:弗损益之,无咎,贞吉,利有攸往。得臣无家[⑧]。

注释:

①损:卦名。有减损之义。

②曷之用?二簋可用享:用什么?用二簋食品可以享祀鬼神。曷,何。又通"遏",有"止"意。簋(guǐ),古代盛黍稷的方形器具。享,祭祀鬼神。

③巳事遄往,无咎;酌损之:治病之事要速往,不会有灾,但要适当减省。巳,前人多释为祭祀。古语"止疾"曰"巳",此指治病之事应速往。遄(chuán),速。帛《易》作"端"。古"端""遄"通用。

④弗损,益之:不要减少,而要增加。弗,不。

⑤三人行则损一人,一人行则得其友:三人出行(因互相猜疑)而一人离去,一人独行则可得到友人(结伴同行)。

⑥损其疾,使遄有喜:减轻疾病的事要速办(方可)有喜。疾,疾病。使,帛易作"事",此与初爻"巳事遄往"对应,故以帛《易》为是。

⑦或益之十朋之龟,弗克违:或得到价值十朋的宝龟,但不能违背推辞。或,或许。益,增加、得到。十朋之龟,价值十朋的宝龟。朋,贝币两枚,即两贝为朋,也有说十贝为"朋"的。古代龟甲也可作为货币,又可用于占卜。

⑧得臣无家:王得到贤臣辅佐,忘记家事。臣,贤臣。

今译：

损，有诚信，开始即吉，无咎害，可以守正。宜有所往，用什么（祭祀鬼神）？二簋食品即可用于享祀。

初九：治病的事要速往，不会有咎害。但要酌情减省。

九二：宜于守正，征讨则凶，不要损减，而要增益。

六三：三人一同出行（因不能同心）则一人离去，一人独行（则可）得到朋友。

六四：减轻疾病的事要速办（方可）有喜，无咎害。

六五：或得到价值十朋的宝龟，不可违背（推辞），开始即吉。

上九：不要减损而要增益，无咎害。占问则吉，宜有所往。得到臣辅佐，忘记家事。

益(四十二)

经文:

益[①]:利有攸往,利涉大川。

初九:利用为大作[②],元吉,无咎。

六二:或益之十朋之龟,弗克违[③],永贞吉[④]。王用享于帝[⑤],吉。

六三:益之用凶事[⑥],无咎。有孚中行,告公用圭[⑦]。

六四:中行告公从,利用为依迁国[⑧]。

九五:有孚惠心,勿问元吉[⑨],有孚惠我德[⑩]。

上九:莫益之,或击之,立心勿恒[⑪],凶。

注释:

①益:卦名。有增益,收获,富裕之义。

②利用为大作:宜用于耕种。大作,大事,指耕种之事。

③或益之十朋之龟,弗克违:或得到十朋的宝龟,不要违背推辞。(详见《损》六五)

④永贞吉:永远守正则吉。永,永远。贞,正。

⑤王用享于帝:王享祭于上帝。享,享祭。

⑥益之用凶事:把增益用之于凶事。凶事,古人指饥馑、战乱、灾疫等事。

⑦有孚中行,告公用圭:心存诚敬中道而行,执玉圭而告公。孚,诚信。圭,用玉制成,方正有棱角。古代国家发生凶事时求援的使者带着玉圭前往告急。

⑧中行告公从,利用为依迁国:从道路正中行,告诉王公以得到他的认从。利用(这种认从)作为依赖完成迁移国家大事。从,认从、支持。为依迁国,指迁移国家。古时若遇到战乱灾害,则举国迁移,以避其害。依,帛《易》作"家",当以帛本为是。

⑨有孚惠心，勿问元吉：有诚信而惠施于心，无需问，开始即吉。惠，仁爱、恩赐、和顺。

⑩有孚惠我德；有诚信惠施于我，必有所得。德，得。

⑪莫益之，或击之，立心勿恒：得不到增益，受到人攻击，立心无恒常。莫，无、得不到。或，有、有人。恒，恒常。

今译：

益：宜有所往，宜涉越大河。

初九：宜于用耕种，开始即吉，无灾咎。

六二；得到了价值十朋的宝龟，不要推辞，永远守正则吉，王用此享祭上帝，吉。

六三：把增益施用于凶事，无灾咎。（当发生凶事时）应心存诚信，中道而行，执玉圭告急于王公。

六四：中道而行，告急王公以得到他的认从支持。利用这种支持为依赖完成举国迁移大事。

九五：有诚信惠施于心，不必占问开始即吉。有诚信且惠施于我，必有所得。

上九：得不到增益，（反而）受到人攻击，立心无恒常，凶。

夬(四十三)

经文:

夬[①]:扬于王庭,孚号有厉[②]。告自邑,不利即戎[③],利有攸往。

初九:壮于前趾,往不胜[④],为咎。

九二:惕号,莫夜有戎[⑤],勿恤。

九三:壮于頄[⑥],有凶。君子夬夬[⑦],独行遇雨若濡,有愠[⑧],无咎。

九四:臀无肤,其行次且[⑨]。牵羊悔亡,闻言不信[⑩]。

九五:苋陆夬夬[⑪]。中行无咎。

上六:无号,终有凶[⑫]。

注释:

①夬:卦名。有决断之意。

②扬于王庭,孚号有厉:在王朝庭上宣扬公布事情,竭诚疾呼有危险。扬,宣扬、张扬。

③告自邑,不利即戎:告诫自己封邑内的人,不宜立即动武。邑,城邑。戎,兵,此引申为用兵。

④壮于前趾,往不胜:前脚趾伤,无往不胜。壮,伤

⑤惕号,莫夜有戎:因恐惧而大呼,黑夜里有敌情。惕,恐惧。莫,即幕。戎,兵戎。

⑥壮于頄:伤了脸面,頄(kuí),颧。即脸面。

⑦君子夬夬:君子决然而去。夬夬,决然而去之状。又说,为行疾之貌。帛《易》作“缺”。“缺”古人解作“去”,以文观之当以帛《易》为是。

⑧独行遇雨若濡,有愠:独行遇雨而被淋湿。生了一肚子气。若,而。濡,沾湿。愠(yùn),怒,恨。

⑨臀无肤,其行次且:臀部无皮,行动趑趄困难。臀,臀部。次且,即趑趄,行动不便状。

⑩牵羊悔亡,闻言不信:牵羊而行可无悔事,闻此言却不相信。悔亡,即亡悔,亡,无。

⑪苋陆夬夬:山羊健行决为不滞。苋(xiàn)陆,古人多解,有说“苋陆”为草名者,有说兽名者,有说“苋”作“莞”。陆,作和睦者等。依《说文》解“苋”为“山羊细角者”。元、明讲《易》者多从之,今亦依此说。

⑫无号,终有凶:无呼号,最终有凶。

今译:

夬:在王朝庭上宣扬,竭诚疾呼将有危险。告诫自己封邑内的人,不宜于立即动武,利有所往。

初九:脚前趾受伤,无往不胜,为有灾咎。

九二:惊惧大呼,黑夜有敌情,(但)不必忧愁。

九三:脸面受伤,有凶。君子决然而去,独行遇雨而被淋湿,虽然气愤,却无咎害。

九四:臀部无皮,行动趑趄困难,牵羊而行则悔事消亡,听者不信。

九五:山羊健行而去,由道正中行之无咎害。

上九:无呼号,最终有凶。

姤(四十四)

经文:

姤[1]:女壮,勿用取女[2]。

初六:系于金柅[3],贞吉。有攸往,见凶,羸豕孚蹢躅[4]。

九二:包有鱼,无咎。不利宾[5]。

九三:臀无肤,其行次且[6],厉,无大咎。

九四:包无鱼,起凶。

九五:以杞包瓜[7],含章,有陨自天[8]。

上九:姤其角[9],吝;无咎。

注释:

①姤(gòu):卦名。亦有作"遘"者,帛《易》作"狗"。有相遇之义。卦象一阴五阳,一女而遇五男,故名为《姤》。

②女壮,勿用取女:女人壮健(伤男),勿娶此女(为妻)。壮,健壮,又解作伤。取,娶。

③系于金柅:牵引车闸,控制车辆行止。系,帛《易》作"击",有牵引之义。"柅"(ní)又作"镾""柅""尼",帛《易》作"梯"。"柅"字古人多解,有说"织绩之器"者,有说车闸者,有说碍止之意者等。由《象传》称"'系于金柅'柔道牵也"、及帛《易》作"击"思之,当以解"柅"为车闸为是。

④羸豕孚蹢躅:猪被捆绑竭力挣扎的样子。羸豕,以绳捆缚猪。"蹢躅(zhízhú)"帛《易》作"適屬",挣扎跃动之状。

⑤包有鱼,无咎,不利宾:厨房有鱼,无咎害,(但)无益于招待宾客。包,即庖,乃厨房。帛《易》作"枹"。

⑥臀无肤,其行次且:臀部无皮,行动困难。

⑦以杞包瓜:用柳条之器盛瓜。杞(qǐ),杞柳。

⑧含章,有陨自天:包含章美,自天而降。章,章美,亦可能作光明。陨,

降落。此爻我们虽以前人之说解之,但笔者疑此爻恐记录了一个古代故事。人们看到一个盛瓜的柳条器似的物体,包含着光明,自天而降。由爻辞记录的内容看,很像是对一次不明飞行物的记录。

⑨姤其角:遇其角挨了抵。

今译:

姤:(此)女壮健(伤男),勿娶该女为妻。

初六:牵动铜车闸(煞车),占问则吉,(如果)有所往,则出现凶。猪被捆绑竭力挣扎。

九二:厨房里有鱼,无灾咎,但不宜于(招待)宾客。

九三:臀部无皮,行动困难,有危厉,无大灾。

九四:厨房里无鱼,(惹)起凶事。

九五:以杞柳器盛瓜。含有章美,由天而降。

上九:遇其角(被抵),有悔吝,无灾咎。

萃(四十五)

经文:

萃[①]:亨,王假有庙[②],利见大人,亨,利贞。用大牲吉[③]。利有攸往。

初六:有孚不终,乃乱乃萃[④]。若号,一握为笑[⑤]。勿恤,往无咎。

六二:引吉,无咎[⑥]。孚乃利用禴[⑦]。

六三:萃如嗟如[⑧]。无攸利。往无咎,小吝。

九四:大吉,无咎。

九五:萃有位,无咎[⑨]。匪孚,元永贞,悔亡[⑩]。

上六:赍咨涕洟[⑪],无咎。

注释:

①萃:卦名。帛《易》作“卒”。有聚集之意,又通瘁,有病意。

②王假有庙:大王至宗庙祭祀。假,至。

③用大牲吉:用大的牺牲来祭祀则吉。大的牺牲,指祭祀用牛羊等。

④有孚不终,乃乱乃萃:有诚但不能至终,(因而)又乱又病。“萃”即瘁,指病。

⑤若号,一握为笑:于是号哭,占卦时得“一握”之数,又破涕为笑。若,乃。号,号哭。“一握”是古人演算的术语,指在此不吉情况下,占卦时得“一握”乃吉卦之数。于是破涕为笑。帛易“握”作“屋”。

⑥引吉,无咎:迎吉无咎。引,迎。

⑦孚乃利用禴:有诚,因而可利用夏祭(求福)。禴(yuè),帛《易》作“濯”,又本作“躍”“跃”。“濯”“躍”“禴”古皆通。殷代的春祭与周代夏祭都称“禴”。

⑧萃如嗟如:相聚而又叹息。嗟:叹息。

⑨萃有位,无咎:聚会而各有其位,无咎害。

⑩匪孚,元永贞,悔亡:不诚,开始恒守正道,悔事消亡。匪,非。

⑪赍咨涕洟:钱财丢失(急得)眼泪鼻涕一齐流。赍咨(zī):钱财丧失。“赍”作丧财。“咨”作资。又说“赍(jī)咨”为叹息之词。涕洟(yí),眼泪、鼻涕。

今译:

萃:亨通,王至宗庙。(此占)宜于见有权势的人,亨通,宜于守正。用大的牲畜祭祀吉。利于有所往。

初六:有诚而不终,(因而)又乱又病。于是号哭,(占卦遇)“一握”又破涕为笑,勿要忧虑。前往无咎。

六二:迎吉无咎,诚乃利用夏祭(求福)。

六三:聚集叹息,没有什么利,前往无咎,稍有吝难。

九四:大吉,无咎。

九五:聚而有其位,无咎害,(虽)不诚(但是)开始即恒守正道,可无悔事。

上六:钱财丢失争得泪流满面,无咎害。

升(四十六)

经文:

升[1]:元亨,用见大人,勿恤。南征吉[2]。

初六:允升,大吉[3]。

九二:孚乃利用禴,无咎。

九三:升虚邑[4]。

六四:王用亨于岐山[5],吉,无咎。

六五:贞吉,升阶[6]。

上六:冥升,利于不息之贞[7]。

注释:

①升:卦名。帛《易》作“登”,有上升,登高之意。

②南征吉:向南出征则吉。

③允升,大吉:进升,大吉。允,古本释“允”为进。

④升虚邑:登上高丘之邑。升,登。虚,丘。

⑤王用亨于岐山:大王祭祀于岐山。亨,祭祀。岐山,地名。位置在陕西岐山县东北方向。

⑥贞吉,升阶:守正则吉,登阶而上。阶,台阶。

⑦冥升,利于不息之贞:冥中登高,宜不停息地依正道(而行)。冥,昏冥。贞,守正。

今译:

升:开始即亨通。宜见有权势的人,不要忧虑,往南出征则吉。

初六:进而登高大吉。

九二:有诚因而宜于夏祭(求福)。无咎害。

九三:登上高丘城邑。

六四:大王祭礼于岐山,吉,无咎害。

六五:守正则吉,登阶而上。

上六:冥中之登,宜于不停止依守正道。

困(四十七)

经文:

困[①]:亨,贞,大人吉,咎。有言不信[②]。

初六:臀困于株木[③],入于幽谷,三岁不觌[④]。

九二:困于酒食,朱绂方来[⑤],利用享祀,征凶。无咎。

六三:困于石,据于蒺藜[⑥]。入于其宫,不见其妻[⑦],凶。

九四:来徐徐,困于金车[⑧],吝,有终。

九五:劓刖,困于赤绂[⑨]。乃徐有说[⑩],利用祭祀。

上六:困于葛藟,于臲卼[⑪],曰动悔[⑫],有悔,征吉。

注释:

①困:卦名。在此有穷困,窘迫之意。

②有言不信:(在穷困之际)虽有言相说而人皆不信。信,相信。

③臀困于株木:困坐在树干上。株,先儒有解为枯木者,或为根者,或为树干者。由爻意观之,似树干为胜。

④三岁不觌:三年不见面。岁,年。觌(dí),见。

⑤困于酒食,朱绂(fú)方来:吃醉酒,红色的祭服刚被送来。"困于酒食"指醉酒。朱绂,一曰宗庙祭服;一曰君王之服,古时天子三公九卿"朱绂",诸侯"赤绂"。

⑥困于石,据于蒺藜;乱石挡道,又有蒺藜占据于其上。困于石,指乱石挡道。据,占据。

⑦入于其宫,不见其妻:进入宫室,见不到妻子。宫,宫室。

⑧来徐徐,困于金车:缓缓而来,被困于金车中。徐徐,郤缓安行之状。困于金车,指金车遇险出了麻烦。

⑨劓刖,困于赤绂:割鼻断足,此窘困在于穿了赤绂(带来的麻烦)。劓刖(yuè),是古代割鼻断足之刑。割鼻称"劓",断足称"刖"。又有人训"劓

刖”为“鯢蔦”为不安貌。“赤绂”解见上。

⑩乃徐有说：于是徐徐脱下。乃，于是。徐，缓慢。说即脱。

⑪困于葛藟，于臲卼：被困于草莽，惶惑不安。葛藟（lěi），葛藤缠绕之草。臲卼（nièwù），惶惑不安之貌。

⑫曰动悔：思谋动辄有后悔。“曰”，思谋之辞。

今译：

困：亨通，占问大人则吉，无灾咎。困境中，虽有言相说而人皆不信。

初六：困坐在树干上，在幽暗的山谷中，三年不能与人见面。

九二：吃醉了酒，红色祭服刚被送来。正好用一祭祀。（此爻）出征则有凶。但无咎害。

六三：乱石挡道；又有蒺藜据于其上，入于宫室而看不到妻子。凶。

九四：缓缓安行而来，困窘于金车（遇险），虽有吝难，却有好的结果。

九五：割鼻断足之刑，困窘因赤绂而起，于是徐徐脱下（赤绂），（宜于）祭祀。

上六：困于草莽，惶惑不安，思谋动辄悔。（虽然）有悔，出征则吉。

井(四十八)

经文:

井[1]:改邑不改井[2],无丧无得。往来井井[3],汔至,亦未汲井[4],羸其瓶[5],凶。

初六:井泥不食,旧井无禽[6]。

九二:井谷射鲋,瓮敝漏[7]。

九三:井渫不食[8],为我心恻,可用汲[9],王明,并受其福[10]。

六四:井甃[11],无咎。

九五:井洌,寒泉食[12]。

上六:井收勿幕[13],有孚元吉[14]。

注释:

①井:卦名。指水井。古时掘地为井。“井”字篆书的形状是以框为井,其中一点为吊桶。井又是社会组织单位,古时八家为一井。四井为一邑。

②改邑不改井:村邑变迁,井不会变动。改,变动。

③往来井井:来来往往从井中取水。第一个“井”字作动词用,即从井中取水。

④汔至,亦未汲井:井干涸了,也不挖井,汔(qì),水干涸。汲,穿也,亦有解作水绳索的。以爻意观之,当以作“穿”为是。

⑤羸其瓶:毁坏了瓶。羸(léi):帛《易》作“纍”,毁缺,又作“累”。瓶,古代汲水的器具。

⑥旧井无禽:古时井旁种树,树长木果,禽来食之,井废树死,飞鸟不至。另有说鸟类有用废井做巢的习惯,此爻乃指旧井没有鸟巢,故飞鸟不至。二说似后说为胜。

⑦井谷射鲋,瓮憋漏:射井底小鱼,瓮罐破漏。古有射鱼之俗。谷,底。鲋(fù),小鱼。瓮,古代汲水的罐子。帛《易》和“井渎射付唯敝句”。所谓

“敝句”即“敝笱”,曲竹捕鱼之器,帛《易》此爻与今本之文稍有不同,但大意一致。

⑧井渫不食:井修治好,却不食用。渫(xiè),治,治污秽称“渫”。

⑨为我心恻,可用汲:使我心中悲伤,可以用此井汲水。恻,悲。

⑩王明,并受其福:大王的英明,使天下都受到福泽。明,英明、贤明。

⑪井甃:修治其井。甃(zhòu),帛《易》作“椒”。其意为修治。又说为以砖瓦垒井壁。

⑫井洌,寒泉食:井水清洌,冰冷的井水可心食用。洌,清澈,冰冷。寒泉、冰冷的井水。古人以为井乃泉自下出。

⑬井收勿幕:井水取上来,不必在井口上加盖。收:谓以轳提取井水。幕,盖。

⑭有孚元吉:井修复了,始而得吉。“孚”即恢复。帛《易》作“复”。

今译:

井:村邑搬迁,井不会变动。因而(对于井来说)无得无失。(人们)来来往往从井中取水,井干涸了,也不挖井,结果毁坏了(取水的)瓶,有凶。

初六;井中只有泥,(已经)不能取水食用,这旧井连飞鸟也不来。

九二:井底射鱼,(致使取水)瓮罐破漏

九三;井已修治好,却不被食用,使我心悲切。可用此井汲水,乃大王英明,(人人)都受其福泽。

六四:修治井,无咎害。

九五;井水清洌,冰冷的井水可以食用。

上六:井水收取上来,不必在井口加盖。(井)修复了,始而得吉。

革(四十九)

经文:

革[1]:巳日乃孚[2]。元亨利贞,悔亡。

初九:巩用黄牛之革[3]。

六二:巳日乃革之[4],征吉,无咎。

九三:征凶,贞厉。革言三就[5],有孚。

九四:悔亡。有孚,改命吉[6]。

九五:大人虎变。未占有孚[7]。

上六:君子豹变,小人革面[8],征凶。居贞吉。

注释:

①革:卦名。既有去故更新、改革变化之意,又有改朝换代之意,故《彖传》称"汤武革命,顺乎天而应乎人"。

②巳日乃孚:"巳"即"已",乃天干中的第六干,因"已日"在天干十日中已过半,盛极而衰,正是革命变革的时刻。

③巩用黄牛之革:用黄牛皮革牢固地捆缚。巩,固。革,皮革。

④巳日乃革之:到已日就革命变革。

⑤革言三就:革命变革必须慎重,需经三次讨论才能行动。言,言论、讨论。就,成、合计。亦有释"就"为处者。

⑥有孚,改命吉:有诚,改天命则吉。改命,改天命,此指改朝换代。

⑦大人虎变,未占有孚:革命变革之际在人像老虎般威猛,不必占筮可知有诚。变,亦有说指野兽夏季脱毛,冬季毛又变厚。虎变,乃像老虎换毛一样。

⑧君子豹变,小人革面:革命变革时,君子像豹子般迅疾,小人被迫革除本来的面目。豹变,如豹之变化。此"君子"比"大人"次一等。故大人被喻为虎,君子被喻为豹。豹比老虎次一等。

今译:

革,至已日才有革命(变革)的诚心,(这时)开始即亨通,宜于守正,悔事消亡。

初九:用黄牛皮革牢固地捆缚。

六二:至已日才能施行革命变革的大计,出征吉,无咎灾。

九三:出征凶,占问有危厉(革命变革)言论须经三次(合计)才成。要有诚心。

九四:悔事消亡,有诚,改天命(立新朝)吉。

九五:(革命时)大人像老虎一样威猛,未战则有诚。

上六:(革命时)君子像豹子般迅疾,小人也改变了昔日面貌。出征有凶,居而不动,占之则吉。

鼎(五十)

经文:

鼎[①]:元吉,亨。

初六:鼎颠趾,利出否[②],得妾以其子[③],无咎。

九二:鼎有实,我仇有疾,不我能即[④],吉。

九三:鼎耳革,其行塞[⑤],雉膏不食,方雨亏悔[⑥],终吉。

九四:鼎折足,覆公𫗧,其形渥[⑦],凶。

六五:鼎黄耳,金铉[⑧],利贞。

上九:鼎玉铉,大吉[⑨],无不利。

注释:

①鼎:卦名。鼎是古代烹饪之器,一般三足两耳,青铜制成,盛行于商周时代,象征王权。此卦卦画像“鼎”:初爻象鼎的足,五爻象鼎之耳,上爻象鼎之铉。下卦巽为木,上卦离为火,以像燃木煮物的“鼎”。

②鼎颠趾,利出否:鼎颠覆,足向上,(这象征)宜斥逐而出其妇。“利出否”古人多解,所谓“利出否”即利逐其妇,“出妇”正与“得妾”对文。帛《易》之《否》卦作“妇”,可证古“妇”“否”二字互通,出,斥逐。

③得妾以其子:将得妾及获子。以,及。

④鼎有实,我仇有疾,不我能即:鼎中有食物,我妻子有病,不能接近我。实,充实。仇,匹、配、妻子。即,接近。

⑤鼎耳革,其行塞:鼎耳失去,移动(鼎)困难,革、去。塞、闭塞,此指移动困难。

⑥雉膏不食,方雨亏悔:美味的雉膏不能食,天刚下雨阴云散去。雉膏、用雉肉做的美味的食品。方、一会儿、刚刚。亏,毁,少。悔,晦、阴云。“亏悔”指阴云散去。

⑦鼎折足,覆公𫗧,其形渥:鼎足折断,将王公的八珍菜粥倾倒出来,沾

濡了四周。渥(ù),是一种糁与筍做成的八珍菜粥。形渥(wò),沾濡之貌,亦有说"刑渥",指大刑。

⑧鼎黄耳,金铉:鼎有黄耳,金铉。黄耳,黄铜作的鼎耳。金铉,用青铜作的鼎耳上吊环。

⑨鼎玉铉,大吉:鼎有用玉作的铉,大吉。玉铉,用玉石作成的铉。

今译:

鼎:开始即吉,亨通顺利。

初六:鼎颠倒其足宜斥逐其妇。得妾及子,无咎灾。

九二:鼎中有食,我妻有病,不能接近我,吉利。

九三:鼎耳丢失,移动困难,美味的雉膏不能食用,天刚下雨点,阴云又散去,终将得吉。

九四:鼎足折断,八珍菜粥倾倒出来,沾濡了四周,凶。

六五:鼎有黄耳,金铉,利于守正。

上九:鼎有玉铉,大吉,无不利。

震（五十一）

经文：

震[1]：亨，震来虩虩，笑言哑哑[2]，震惊百里，不丧匕鬯[3]。

初九：震来虩虩，后笑言哑哑，吉。

六二：震来厉，亿丧贝[4]。跻于九陵，勿逐，七日得[5]。

六三：震苏苏，震行无眚[6]。

九四：震遂泥[7]。

六五：震往来厉，意无丧，有事。

上六：震索索，视矍矍[8]，征凶。震不于其躬，于其邻[9]，无咎。婚媾有言[10]。

注释：

①震：卦名。帛《易》作"辰"。为霹雳雷电，引申为震动。

②震来虩虩，笑言哑哑：雷电袭来，令人哆嗦，（但主祭者）谈笑自如。虩虩（xì），恐惧貌。又作"愬愬"。哑哑，笑声。

③震惊百里，不丧匕鬯：霹雳声震百里，（然而）主祭人没有失落匙中的香酒。丧，丢失。匕，匙，以棘木为柄，祭礼时主祭人用它从鼎中将烹好的牛羊肉入俎中，以供大典之用。鬯（chàng），一种用黑黍酒和郁金草合成的香酒，专供宗庙祭礼之用。"匕鬯"即指盛在棘匙中的香酒。

④震来厉，亿丧贝：战雷来势猛厉。（不是好兆头，）估计是要丧失财贝。厉，危险。"亿"帛书作"意"，即想到、估计。贝，古代货币。

⑤跻于九陵，勿逐，七日得：登上九陵高山，勿追索（失去的钱财），过七日将会自得。跻，登上。九陵，九重山陵。

⑥震苏苏，震行先眚：战雷令人发指，雷中行走无危险。苏苏，惧貌；有说不安躁动。眚，灾难，危险。

⑦震遂泥：霹雳坠入泥中。遂，坠，止。

⑧震索索,视矍矍:战雷令人嗦嗦抖,电光使人不敢看。索索,恐惧不安。矍矍(jué),不敢正眼看。

⑨震不于其躬,于其邻:战雷不击其身,而击邻人。躬,身。邻,邻近之人。

⑩婚媾有言:婚姻上有闲言。言,斥责的话,闲言碎语。

今译:

震:亨通,雷电袭来令人哆嗦。(主祭者)却谈笑自如。雷声惊动百里,(主祭人却)没有失落匙中的香酒。

初九:雷电袭来令人哆嗦。过后却谈笑自如,有吉。

六二:战雷来势猛厉。怕是要丧失财帛,登上九陵高山,勿追索(失去钱财),七天自会复得。

六三:战雷令人发指,雷电中行走无灾。

九四:霹雳坠入泥中。

六五:雷电来往猛厉,恐怕无大的损失,将要发生事情。

上方:雷声令人恐惧不安,(电光)使人不敢正视。出征有凶。战雷不击其身,而击邻人。无灾眚。(但)在婚姻上有闲言。

艮(五十二)

经文:

艮[①]:艮其背,不获其身[②],行其庭,不见其人[③]。无咎。

初六:艮其趾[④],无咎,利永贞。

六二:艮其腓[⑤],不拯其随[⑥],其心不快[⑦]。

九三:艮其限[⑧];列其夤[⑨],厉薰心[⑩]。

六四:艮其身,无咎。

六五:艮其辅,言有序[⑪],悔亡。

上九:敦艮[⑫],吉。

注释:

①艮:卦名。帛《易》作"根",有止之意。

②艮其背,不获其身:背不能动。整个身体就不能动。其,代词。

③行其庭,不见其人:在庭院中行走而见不到人。庭:庭院。

④艮其趾:脚趾不能动。趾,脚趾,帛《易》作"止"。趾、止通。

⑤艮其腓:小腿肚子不能动。腓,小腿肚子。

⑥不拯其随:不能抬腿。拯,举。随,腿。另有解作跟随者、脚趾者等。

⑦其心不快:心里不痛快。

⑧艮其限:腰不能动了。限,腰胯,腰带处。

⑨列其夤:脊内撕裂。列,裂。帛《易》作"戾"。夤(yín),有作"肾""胰"等。指夹脊肉。

⑩厉薰心:危厉而心急如焚。厉,危急。薰,烧灼。

⑪艮其辅,言有序:面颊两旁不动,说话井井有序。辅,面颊两旁。序,有序。

⑫敦艮:敦厚知止。敦,敦厚。

今译：

艮，止其背，整个身体则不能动。在庭院中行走，却见不到人，无咎害。

初六：脚趾止而不动，无咎灾，利于永远守正。

六二：小腿肚子止而不动，无法抬腿，心里不痛快。

九三：腰止而不能动，脊肉被撕裂。危厉中心急如焚。

六四：止其身(不妄动)无咎。

六五：面颊两旁不动，说话井井有序。无后悔之事。

上九：敦厚知止，则有吉。

渐(五十三)

经文:

渐[1]:女归[2],吉,利贞。

初六:鸿渐于干[3],小子厉,有言[4],无咎。

六二:鸿渐于磐,饮食衎衎[5],吉。

九三:鸿渐于陆,夫征不复[6],妇孕不育,凶。利御寇[7]。

六四:鸿渐于木,或得其桷[8],无咎。

九五:鸿渐于陵[9],妇三岁不孕,终莫之胜[10],吉。

上九:鸿渐于陆,其羽可用为仪[11],吉。

注释:

①渐:卦名,有进之义。《咸》为娶女之占,《渐》是嫁女之卦。

②女归:女子出嫁。归,嫁。

③鸿渐于干:鸿雁进息于河岸。鸿,大雁。干,河岸。亦有解作河涧者,谓小水从山流下称“干”。

④小子厉,有言:小子危厉,有闲言非难。厉,危厉。言,口舌非难。

⑤鸿渐于磐,饮食衎衎:鸿进息于大石,饮食喜乐。磐,古文作“般”。帛《易》作“坂”,指,大石。衎衎(kàn),和乐、高兴。

⑥鸿渐于陆,夫征不复:鸿雁进息于高地(占得此爻)男人出征不复返。陆,高平之地叫陆。

⑦妇孕不育,凶,利御寇:妇女怀孕不生育,有凶,但利于防御盗寇。御,防御。

⑧鸿渐于木,或得其桷:鸿雁进息于树木,有的栖息在方木椽上。或,有的,桷(júe),椽。秦曰:“榱”,周谓“椽”,齐鲁谓“桷”。

⑨鸿渐于陵:鸿雁进息于丘陵。陵,丘陵、大阜。

⑩终莫之胜:最终没有得胜。莫,没有、不能。

⑪其羽可用为仪:它的羽毛可用装饰。仪,装饰。

今译:

渐:女子出嫁,吉,利于守正。

初六:鸿雁进息于河岸,(此象预示),小子有危厉,遭人指责。无灾咎。

六二:鸿雁进息于磐石,饮食而喜乐。吉。

九三:鸿雁进息于高地(此象预示)丈夫出征不返回,妇女怀孕不生育,凶。利于防御盗寇。

六四:鸿雁进息于树木,有的在方木椽上歇息,无灾咎。

九五:鸿雁进息于丘陵,妇人三年不怀孕,最终不能得胜。吉

上九:大雁栖息于高地,它的羽毛可用于装饰。吉。

归妹(五十四)

经文:

归妹[①]。征凶,无攸利。

初九:归妹以娣,跛能履[②],征吉。

九二:眇能视,利幽人之贞[③]。

六三;归妹以须,反归以娣[④]。

九四:归妹愆期,迟归有时[⑤]。

六五:帝乙归妹,其君之袂不如其娣之袂良[⑥]。月几望[⑦],吉。

上六:女承筐无实[⑧],士刲羊无血[⑨]。无攸利。

注释:

①归妹:卦名。古人称女嫁人曰"归",少女谓"妹",《归妹》为婚姻卦。

②归妹以娣,跛能履:小女出嫁,其妹从嫁。跛脚的人能走路。"娣"(dì)指出嫁者的妹妹,古时一夫多妻,妹妹可随姐姐同嫁一夫,侄女也可随姑姑同嫁一夫。妹妹从姐姐出嫁称"娣"。春秋时仍然保留了这种风俗。

③眇能视,利幽人之贞:偏盲也能看,宜于求人之占(详释可以参考《履》卦卦辞)。

④归妹以须,反归以娣:少女出嫁,姐姐从嫁,回娘家时,变成妹妹从嫁。"须"又通"媭"。楚人谓姊曰"媭"。"反"自夫家回娘家曰"反"。又叫"来归"。

⑤归妹愆期,迟归有时:少女出嫁延期,迟嫁因有所待。"愆"帛书作"衍",延误。迟,晚。时,通伺。

⑥其君之袂不如其娣之袂良:其君夫人的衣饰不如随她陪嫁的妹妹衣饰好看。袂(mèi):衣袖。此说指衣饰。

⑦月几望:每月十六日为既望。

⑧女承筐无实:女子陪嫁没有奁具。"女"指未婚少女。"筐"是新娘盛

陪嫁奁具的。

⑨士刲羊无血:男子在婚礼仪式中,刺羊而未出血。士,指青年男子。刲(kuí),割、刺。

今译:

归妹:出征凶,无所利。

初九:少女出嫁,妹妹从嫁,跛脚能走,出征则吉。

九二:偏盲能看,宜于求人之占。

六三:少女出嫁,姐姐从嫁,回娘家时,变成妹妹从嫁。

九四;少女出嫁延期,迟嫁因有所待。

六五:帝乙嫁女,其君夫人的衣饰不如随嫁妹妹衣饰好看。(成亲)选在既望日则吉。

上六:少女盛奁具的筐里没有东西,新郎刺羊也没能出血来。无所利。

丰(五十五)

经文:

丰[①]:亨,王假之[②],勿忧,宜日中[③]。

初九:遇其配主[④]。虽旬无咎,往有尚[⑤]。

六二:丰其蔀,日中见斗[⑥]。往得疑疾,有孚发若[⑦]。吉。

九三:丰其沛,日中见沬[⑧],折其右肱[⑨],无咎。

九四:丰其蔀,日中见斗,遇其夷主[⑩],吉。

六五:来章,有庆誉[⑪],吉。

上六:丰其屋,蔀其家[⑫],闚其户,阒其无人[⑬],三岁不觌[⑭],凶。

注释:

①丰:卦名。有丰厚光大之意。

②亨,王假之:举行祭祀,大王亲至。亨,享、祭祀。假,至。帛《易》作“叚”。

③勿忧,宜日中:勿忧虑,宜在中午进行。日中,中午。

④遇其配主:遇到了肥族的首领。“配主”古人多解,有说为嘉耦者,有说为匹配者。皆误。案帛《易》作“肥”,九四爻有“夷主”“配主”正与“夷主”对文,肥,春秋时属白狄族一支,分布今山西,河北一带,亦少数民族首领之称。

⑤虽旬无咎。往有尚:唯有十天内无咎,前往会得到奖赏。“虽”帛《易》作“唯”,即只有一“旬”。十日为旬,尚,赏。

⑥丰其蔀,日中见斗:(光明)大片地被遮盖住,以致中午出现星斗。丰,大。蔀(pǒu),遮光物。斗,星斗。

⑦往得疑疾,有孚发若:前往得疑病,有诚可去病。发,去。若,助词。

⑧丰其沛,日中见沬:天空大暗,中午变得昏黑无光。此爻恐是古人对日全食的记录。“沛”暗而无光。沬,昧、昏暗。

⑨折其右肱:折断了右臂。肱(gōng)臂。

⑩遇其夷主:遇到西戎之主。夷,少数民族。

⑪来章,有庆誉:重现光明,人们庆祝赞美。章,光明。

⑫丰其屋,蔀其家:屋子宽大,但家被遮蔽。

⑬闚其户,阒其无人:窥视其门户,则静悄悄空无一夫。闚,窥视,小视。阒(qù),有静、空之意。

⑭三岁不觌:三年什么也没看见。觌,见。

今译:

丰:举行祭祀,大王亲至,勿忧虑。宜在中午进行。

初九:遇到肥族首领,唯于十天内无灾,前往有奖赏。

六二:(光明)大片被遮住,中午出现星斗。前往得疑病,有诚可去其病。吉利。

九三:(天)越来越暗,中午出现日食,(黑暗中)折断了右臂,(但)无咎灾。

九四:(光明)大片被遮住,中午出现星斗,遇见了西戎族首领,吉利。

九五:重现光明,人们欢庆赞美。吉利。

上六:宽大的屋子,阴影遮蔽了家,窥视其门户。静悄悄空无人迹,三年什么也没有见到。凶。

旅(五十六)

经文:

旅[1]:小亨,旅,贞吉。

初六:旅琐琐[2],斯其所取灾[3]。

六二:旅即次,怀其资[4],得童仆贞[5]。

九三:旅焚其次[6],丧其童仆贞,厉。

九四:旅于处,得其资斧[7],我心不快。

六五:射雉,一矢亡[8],终以誉命[9]。

上九:鸟焚其巢,旅人先笑后号咷[10],丧牛于易[11],凶。

注释:

①旅:卦名。其意古人有二解,一曰旅行,二曰军旅。

②旅琐琐:旅途中猥琐卑贱。琐琐,猥琐卑贱。

③斯其所取灾:此其所取灾。斯,此。

④旅即次,怀其资:(旅人)住进旅馆,身上有钱财。即,就,住下。次,旅舍。怀,指身上。资,钱财。

⑤得童仆贞:得到忠贞的童仆。童仆,即奴仆,有"童"作"僮"者。古代二者相通。

⑥旅焚其次:旅人焚烧旅舍。焚,焚烧。

⑦旅于处,得其资斧:旅途中受阻,得到了斋斧。处,止。"资斧"汉人解作"齐斧",古"齐""斋"通。乃斋戒入庙而受斧,出师作战,则军罢师旋。需告庙还斧于君,故"斋斧"当是君王授权的象征。

⑧射雉,一矢亡:射野鸡,丢了一支箭。雉,野鸡。亡,失。

⑨终以誉命:最终得到荣誉授爵命。命,爵命。

⑩旅人先笑后号咷:旅人先笑而后号哭。号咷,呼号哭泣。

⑪丧牛于易:在场中丢了牛。易,场。

今译:

旅,小事亨通,旅途中守正则吉。

初六:旅途中,猥琐卑贱,此其所以取灾。

六二:旅人住进旅馆,身上带有钱财。得到童仆的忠贞(侍候)。

九三:旅人焚烧旅馆,丧失忠贞的奴仆,十分危厉。

九四:因旅途受阻,(从而)得到斋斧,(使)我心中十分不快。

六五:射野鸡,丢了一支箭,最终得荣誉而授爵命。

上九:鸟巢被焚,旅人先笑后哭号,丧牛于场,凶。

巽(五十七)

经文:

巽[①]:小亨,利有攸往,利见大人。

初六:进退,利武人之贞[②]。

九二:巽在床下,用史巫纷若[③],吉,无咎。

九三:频巽[④],吝。

六四:悔亡,田获三品[⑤]。

九五:贞吉,悔亡,无不利,无初有终[⑥]。先庚三日,后庚三日[⑦],吉。

上九:巽在床下,丧其资斧[⑧],贞凶。

注释:

①巽:卦名,其意众说不一。依传统注解,一说号令、命令,一说,入、顺等。依帛书《易》,"巽"作"筭,"可知通"筭",为筮卦用,故《彖传》称:"重巽以申命"。《象传》称:"巽,君子以申命行事"。通过算以申天命的意思,故应依帛《易》解"巽"作"算"为是。即计算的工具。

②进退,利武人之贞:进退不定,(此卦)宜武人守正。武人,勇猛的军人。

③巽在床下,用史巫纷若:筮人在床下占算,又用很多祝史、巫觋为之祈福驱灾。巽,演算。史,祝史,专门从事祭祀活动。巫,巫觋,从事降神驱灾活动。纷若,盛多之貌。

④频巽:多次占筮。频,帛《易》作"编",频、编,古通用。也有将"频"解为频蹙忧戚之容者。

⑤田获三品:田猎获兽得了三品。田,田猎。三品,先儒有几说:有说"三品"指三种野兽,以狼、豕、雉为三品;有说以鸡、羊、雉为三品者;亦有以羊、牛、豕为三品者。另有解"三品"为"上杀""中杀""下杀"。古代天子诸侯打猎,猎取的野兽分三等:射中心脏的是"上杀",晒干后作为祭品;射中腿

的是“中杀”,可供宾客享用;射中腹的为“下杀”,供自己食用。以此表示尊神敬宾。据爻辞文义断之,“三品”似以后解为妥。

⑥无初有终:虽无(甲日以明)其初,但有(癸日以成)其终。初,天干中的甲日。终,天干中的癸日。

⑦先庚三日,后庚三日:依天干顺序,“庚”前三日为“丁”日,“庚”后三日为“癸”日。

⑧丧其资斧:丢失了斋斧。

今译:

巽:小事亨通,利于有所往,宜于见大人。

初六:进退不决,宜于武人守正。

九二:筮者在床下演算,又用很多祝史、巫觋为之祈福驱邪,结果为吉,且无灾咎。

九三:频繁地占筮,则有难。

六四:后悔消失,田猎时获兽三品。

九五:守正则吉,悔事消亡没有不利的。虽无(甲日以明)其初,但有(癸日以成)其终,庚日前丁日,庚日后癸日为吉日。

上九:在床下占筮,丧失了斋斧,占问有凶。

兑(五十八)

经文:

兑[①]:亨,利贞。

初九:如兑[②],吉。

九二:孚兑[③],吉。悔亡。

六三:来兑[④],凶。

九四:商况未宁[⑤],介疾有喜[⑥]。

九五:孚于剥[⑦],有厉。

上六:引兑[⑧]。

注释:

①兑:卦名。帛《易》作"夺""兑""夺"音近通假。兑,说。训说为悦,有喜悦之义。

②和兑:和颜悦色,和,平和、和气。

③孚兑:心悦诚服。孚,诚。

④来兑:(谄邪)求悦。

⑤商兑未宁:商量中融洽喜悦,(但事情)尚未定下。商,商量。宁,安。

⑥介疾有喜:虽得小疾而有喜。介疾,小疾。帛《易》作"疥疾"。即癣疥之疾,与"小疾"义近。

⑦孚于剥:诚信于剥离之道。剥,剥落、剥离。

⑧引兑:引导而喜悦。引,引导。

今译:

兑:亨通,利于守正。

初九:和颜悦色则吉。

九二:心悦诚服则吉,悔事消亡。

六三:(谄邪)来求悦,则凶。

九四:商量中融洽喜悦,(但事情)尚未定下。虽有癣疥小疾,但有喜事。

九五:诚信于剥离之道,有危厉。

上六:引导而喜悦。

涣(五十九)

经文:

涣[①]:亨,王假有庙[②],利涉大川,利贞。

初六:用拯马壮[③],吉。

九二:涣奔其机[④],悔亡。

六三:涣其躬[⑤],无悔。

六四:涣其群[⑥],元吉。涣有丘[⑦],匪夷所思[⑧]。

九五:涣汗其大号[⑨],涣王居[⑩]。无咎。

上九:涣其血去,逖出[⑪],无咎。

注释:

①涣:卦名。《杂卦》《序卦》《系辞》皆解为“离”,但由整个卦爻辞观之,“涣”似为古代祭祀大典中的某种仪式,疑有呼唤之义,是否即今之司仪。故爻辞中有“涣其群”“涣其躬”“涣王居”“涣其丘”等。特别由“涣汗其大号”看其义更明,而《象传》亦称:“‘涣奔其机’得愿也”。“‘涣其躬’志在外也”。“‘涣其血’远害也”,等等。然其确意难详,今暂仍依“涣”之字义解之。涣,水流散也。故先儒多以披离解散为解

②王假有庙:王至庙中(祭祀)。假,至。

③用拯马壮:取用壮马拯救。拯,拯救,又有取之义。“拯”汉人作“抍”。又通“撜”,故训为登上、取用。

④涣奔其机:水流奔至房子台阶。机,帛《易》作“阶”,台阶。

⑤涣其躬:水冲及自身。躬,自身。

⑥涣其群:水冲击众人。群,众人。

⑦涣有丘:丘。高地。水来而有高地。

⑧匪夷所思:不是平常所能想到的。匪,非。夷,常。

⑨涣汗其大号:帛《易》作“涣其肝大号”,由九二爻“涣奔其机”,六三爻

"涣其躬",六四爻"涣其群"及上九爻"涣其血去"考之,当以帛书为是,应为"涣其汗大号",当释为号令如汗出而不返。汗,出汗。号,号令。水如汗出不可收,大声发布号令。

⑩涣王居:水冲击王居住的地方。

⑪涣其血去,逖出:水披离散失,忧患过去,惊恐排除。"血"通恤,即忧虑。"逖"(tì)帛《易》作"汤",即惕,惊惧。

今译:

涣:亨通。大王至庙中(祭祀),利于涉越大河,宜于守正。

初六:取用壮马拯救,吉。

九二:水散奔于台阶,悔事消亡。

六三:水冲及自身无悔。

六四:水冲击众人开始即吉。(因)水至有高地,不是平常所想的那样。

九五:水如汗(出而不返),将大声发布号令,水冲王居之处,无灾咎。

上九:水的冲击散去,使忧虑恐惧排除,无灾咎。

节(六十)

经文：

节[①]：亨。苦节不可贞[②]。

初九：不出户庭[③]，无咎。

九二：不出门庭[④]，凶。

六三：不节若，则嗟若[⑤]，无咎。

六四：安节[⑥]，亨。

九五：甘节，吉，往有尚[⑦]。

上六：苦节，贞凶，悔亡。

注释：

①节：卦名。卦象似竹节，故卦中有蓍草竹枚之节义，又有节制，节省义。

②苦节不可贞：此爻古人多解作：过于苦的节省不可以为正道。然于意不通。苦，帛《易》作“枯”。知“苦”“枯”通。周人结草折竹以卜。“苦节”乃是指竹枚或蓍草的节枯朽了。因而不可用以占筮，故曰“不可贞”。

③不出户庭：不出户门庭院。户庭，内院。

④不出门庭：不出大门内庭院。门庭，大门内的院庭，即外院。

⑤不节若，则嗟若：不节俭必然会带来忧愁叹息。若，助词，样子。嗟，叹息。

⑥安节：安于节俭。

⑦甘节，吉，往有尚：以节俭为美，这是吉利的，前往必有赏。甘，甘美，快乐。尚，赏。

今译：

节：亨通。蓍草之节枯朽，不可用以占筮。

初九:不出内院,无灾。

九二:不出庭院,则凶。

六三:不节俭,必然会带来忧愁叹息。但却无咎灾。

六上:安于节俭,亨通。

六五:以节俭为美,这是吉利的,前往必有赏。

上六:蓍草之节枯朽,占之则凶,但悔事消亡。

中孚(六十一)

经文:

中孚[①]:豚鱼吉[②]。利涉大川。利贞。

初九:虞吉,有它不燕[③]。

九二:鸣鹤在阴,其子和之[④]。我有好爵,吾与尔靡之[⑤]。

六三:得敌,或鼓或罢,或泣或歌[⑥]。

六四:月几望,马匹亡[⑦],无咎。

九五:有孚挛如[⑧],无咎。

上九:翰音登于天[⑨],贞凶。

注释:

①中孚:卦名。信发于中谓中孚。孚,信。

②豚鱼吉:用豚及鱼祭礼则吉。豚(tún),小猪。

③虞吉,有它不燕:安则吉,若有意外则不安。虞,安。它,意外。燕,帛《易》作"宁",通"晏",有安之意。

④鸣鹤在阴,其子和之:鹤在树荫下鸣叫,小鹤应声而和。"阴"通"荫",即树荫。和,相应。

⑤我有好爵,吾与尔靡之:我有美酒,我与你共同分享。好爵,美酒。爵,饮酒之器,在此指酒。尔,你。靡,又作"縻""劘"。帛《易》和"羸""嬴""縻""劘"、同在"歌"部,或可相通。其义为大索,引申为系恋、共享。

⑥得敌,或鼓或罢,或泣或歌:打败了敌人,有击鼓者,有凯旋者,有哭泣者,有歌唱者。得,取。或,有的。鼓,击鼓。罢,凯旋班师。泣,哭泣。

⑦月几望,马匹亡:在既望日,马匹丧失。

⑧有孚挛如:有诚信系恋(详释见《小畜》九五爻)

⑨翰音登于天:祭祀时用鸡祭天。翰音,鸡。凡祭宗庙之礼,祭品中鸡曰翰音。

今译:

中孚:用豚鱼(祭祀)则吉,利于涉越大河,利于守正。

初九:安则吉,有意外则不安。

九二:鹤在树荫之下鸣叫,小鹤应声而和,我有美酒,我愿与你共享。

六三:打败了敌人,(士兵)有击鼓者,有凯旋班师者,有哭泣者;有歌唱者。

六四:在既望之日,马匹丧失,但却无咎。

九五:有诚信系恋,无灾。

上九:祭祀时用鸡祭天,占问则凶。

小过(六十二)

经文:

小过[①]:亨,利贞。可小事,不可大事[②]。飞鸟遗之音[③]。不宜上,宜下[④]。大吉。

初六:飞鸟以凶[⑤]。

六二:过其祖,遇其妣[⑥],不及其君,遇其臣[⑦],无咎。

九三:弗过防之,从或戕之[⑧],凶。

九四:无咎,弗过遇之,往厉必戒[⑨],勿用,永贞[⑩]。

六五:密云不雨,自我西郊[⑪],公弋取彼在穴[⑫]。

上六:弗遇过之,飞鸟离之[⑬],凶,是谓灾眚。

注释:

①小过:卦名。"过"有经过,超过之意。引申为过渡、过失、罪过。小过,指小的过失。即差错。

②可小事,不可大事:可做小事,不可做大事。古人以出征、祭祀为"大事",普通事为"小事"。

③飞鸟遗之音:飞鸟过后,遗音仍在。遗,遗留。

④不宜上,宜下:(做事)适合于下,而不宜于往上。

⑤飞鸟以凶:飞鸟带来了凶兆。以,与、带来。

⑥过其祖,遇其妣:越过祖父,去见祖母。祖,祖父,妣(bǐ),祖母。亦有说妣为母之通称者。

⑦不及其君,遇其臣:没有到君那里,而见到臣仆。不及,没达到。臣,帛《易》作"仆"。"仆""臣"古同。

⑧弗过防之,从或戕之:没有过失要防过失,放纵就有被杀的危险。弗,不。从,即纵。或,有。戕(qiāng),杀害。

⑨弗过遇之,往厉必戒:没有过失而遇(过失),前往有危厉,必需警戒。

厉,危厉。

⑩勿用,永贞:此事不要做,要永远恪守正道。永,永远。贞,正。

⑪密云不雨,自我西郊:乌云密布,从我西郊而来,但不下雨。(见《小畜》卦辞)。

⑫公弋取彼在穴:公射鸟,在穴中取得了鸟。弋(yì),带绳子的箭,此箭射出后可以拉回。帛《易》作"射",故"弋"在此为射箭之意。"彼"指射中的鸟。

⑬弗遇过之,飞鸟离之:没有相遇而有过失,飞鸟被捕捉。离,帛《易》作"罗""离""罗"通,乃捕鸟之网。

今译:

小过:亨通,宜于守正,可以做小事,不可以做大事。飞鸟过后遗音犹在,不宜上,而宜于下,大吉。

初六:飞鸟带来了凶。

六二;越过祖父(不见),而与祖母相见,不到君王那里,而与臣仆相遇,无害。

九三:没有过失应加以防范,放纵有被杀的危险。凶。

九四:无害,没有过失而逢(过失),前往有危险,必定要警戒,这样的事不要做,要永远遵守正道。

六五:乌云密布从我西郊而来,但不下雨。某公射鸟,在穴中得到了它。

上六:没有相遇而有过失(如同)飞鸟被捕捉,有凶,这就叫灾祸。

既济(六十三)

经文:

既济[①]:亨小,利贞[②]。初吉,终乱[③]。

初九:曳其轮,濡其尾[④],无咎。

六二:妇丧其茀、勿逐[⑤],七日得。

九三:高宗伐鬼方,三年克之[⑥],小人勿用。

六四:繻有衣袽,终日戒[⑦]。

九五:东邻杀牛,不如西邻之禴祭[⑧],实受其福[⑨]。

上六:濡其首[⑩],厉。

注释:

①既济:卦名。既,已、尽。济,本意为渡水,引申为成功,成就。

②亨小,利贞:有小的亨通,宜于守正。亨小,即小亨。贞,正。

③初吉,终乱:最初吉利,终则出现乱子。

④曳其轮,濡其尾:拖拉车轮,沾湿了车尾。曳,牵引、拖拉。轮,帛《易》作"纶",古"轮""纶"互通,指车轮。濡,沾湿。

⑤妇丧其茀,勿逐:妇人丧失了头上的首饰,不要追寻。茀(fú),又作"髴",帛《易》作"发",此泛指首饰。

⑥高宗伐鬼方,三年克之:殷高宗讨伐鬼方,经过了三年才取胜。高宗,殷代中兴帝王,名武丁。"鬼方"是殷时西北边疆上的国家。根据出土的卜辞记载,殷高宗曾与"苦方""土方"发生战争,有说"苦方"即"鬼方",亦有说"鬼方"即后来的匈奴。

⑦繻有衣袽,终日戒:船漏水,用衣服塞漏船,终日戒备。繻(rú)通襦、濡、濡,濡湿。袽(rú),败衣。

⑧东邻杀牛,不如西邻之禴祭:东邻杀牛举行盛大的祭祀,不如西邻进行简单的祭祀。东邻,东边的邻居,前人多解作殷人。西邻,西边的邻居,前

人又解作周人。禴,帛《易》作"濯"。殷人春祭,周人夏祭,皆称为"禴",这种祭祀比较简单。

⑨实受其福:实际受到上天赐福,受,蒙受。

⑩濡其首:(渡水)沾湿了头。

今译:

既济:有小的亨通,宜于守正。最初吉利。最终混乱。

初九:(渡水时)拖拉车轮,沾湿了车尾,无灾咎。

六二:妇人丢失了头上的首饰,不要追寻,七天即可复得。

九三:殷高宗讨伐鬼方,经过了三年才取胜,不可起用小人。

六四:(船)漏水濡湿,用衣袽塞漏船,终日戒备。

九五:东邻杀牛(举行盛大祭祀),不如西邻进行简单的祭祀,而实际受到上天赐福。

上六:弄湿了头,有危厉。

未济(六十四)

经文:

未济[1]:亨,小狐汔济,濡其尾[2],无攸利。

初六:濡其尾,吝。

九二:曳其轮,贞吉[3]。

六三:未济,征凶,利涉大川。

九四:贞吉,悔亡。震用伐鬼方[4],三年有赏于大国[5]。

六五:贞吉,无悔,君子之光有孚[6],吉。

上九:有孚于饮酒[7],无咎。濡其首,有孚失是[8]。

注释:

①未济:卦名。"济"为渡水,引申为成功,未济之义与"既济"相反,指事未成、未完。

②小狐汔济,濡其尾:狐狸几乎渡过河时,沾湿了尾巴。汔,帛《易》作"气"。"汔""气"通,其义为"几""几乎"。濡,沾湿。

③曳其轮,贞吉:拖拉车轮,占问则吉。曳,牵引。贞,占问。

④震用伐鬼方:动用(兵卒)讨伐鬼方。此指周人讨伐鬼方。震,动。又说通振,即振奋、威武。

⑤三年有赏于大国:经过三年(作战取胜)得到了大国的奖赏。赏,奖赏。于,在。"大国"又作"大邦",指殷商。

⑥君子之光有孚:君子的光辉,在于有诚信。光,光辉。孚,诚信。

⑦有孚于饮酒:寓诚于饮酒之中。

⑧有孚失是:虽有诚而失正。失是,为失正。

今译:

未济:亨通顺利,小狐狸几乎渡过河时,沾湿了尾巴,没有什么利。

初六:沾湿了尾巴,将有吝羞的。

九二:拖拉车轮,占问则吉。

六三:未能成功,出征则凶,利于涉越大河。

九四:占问则吉,后悔之事消失。(周人)动用(兵力)讨伐鬼方,经过三年(取胜),得到了大国的奖赏。

六五:占则吉,无后悔之事。君子的光辉,在于有诚信,这是吉利的。

上九:寓诚信于饮酒之中,无咎害;(若醉后)以酒濡头,虽有诚而失正。

文言[1]

"元"者,善之长也;"亨"者,嘉之会也;"利"者,义之和也;"贞"者,事之干也。[2]君子体仁足以长人,嘉会足以合礼,利物足以和义,贞固足以干事。君子行此四德者,故曰:"乾、元、亨、利、贞。"[3]初九曰:"潜龙勿用。"何谓也?子曰:"龙德而隐者也,不易乎世,不成乎名,遯世无闷,不见是而无闷,乐则行之,忧则违之,确乎其不可拔,潜龙也。"[4]九二曰:"见龙在田,利见大人。"何谓也?子曰:"龙德而正中者也。庸言之信,庸行之谨,闲邪存其诚,善世而不伐,德博而化,《易》曰'见龙在田,利见大人'。君德也。"[5]九三曰:"君子终日乾乾,夕惕若厉,无咎。"何谓也?子曰:"君子进德修业。忠信所以进德也。修辞立其诚,所以居业也。知至至之,可与几也。知终终之,可与存义也。是故居上位而不骄,在下位而不忧,故乾乾因其时而惕,虽危无咎矣。"[6]九四曰:"或跃在渊,无咎。"何谓也?子曰:"上下无常,非为邪也。进退无恒,非离群也。君子进德修业,欲及时也,故无咎。"[7]九五曰:"飞龙在天,利见大人。"何谓也?子曰:"同声相应,同气相求。水流湿,火就燥。云从龙,风从虎。圣人作而万物睹。本乎天者亲上,本乎地者亲下。则各从其类也。"[8]上九曰:"亢龙有悔。"何谓也?子曰:"贵而无位,高而无民,贤人在下位而无辅,是以动而有悔也。"[9]

注释:

①文言:对"文言"二字之义先儒众说不一,一、乾坤为门户,以文说乾坤;二、依文而言其理;三、因卦爻辞为文王所作,故曰"文言";四、文谓文饰,以乾坤德大,故特文饰以为"文言";五、单就卦爻辞而推衍之,故曰"文言",等等。笔者以为当依文言理之说近实。

②元:开始。长:训首,君。亨:古文字有祭祀之义,此训为通。嘉:美。古者婚礼称"嘉"。会:聚合。利,本指铦。"利"从刀主分,分故能裁成事物使各得宜;"利"从禾。禾二月始生,八月而熟,得时之中,如《说文》所言:"利……和然后利,从和省。"故"利"又有中和之义。义:宜。《中庸》:"义

者，宜也。"《白虎通德论·情性》："义者，宜也，断决得中也。"贞：一说为占问，一说为正。干：树干。木旁生者为枝，正出者为干，故"干"有正之义，因枝叶依干而立，故"干"又有本之义。郑注《礼记·月令》"羽箭干"曰："干者，器之本也。"

③仁：凡果核之实有生气者曰"仁"，以仁为本，案李道平、周易集解纂疏》，"仁"有"元"之义，"元"从二从人，"仁"从人从二，故在天为"元"，在人为"仁"。《释名·释形体》："人，仁也；仁，生物也。"长人：犹君人，即主宰人。利物：一本作"利之"。

④此释《乾》初九之爻辞。龙德：阳刚之德。《乾》卦爻辞以"龙"喻阳。隐：是释"潜"。《乾》初九居下故曰"隐"。易：移。世：世俗。不见是：不为世人所赞同。遯：隐退。闷：烦闷。确：刚强之貌。拔：移。

⑤此释《乾》九二爻辞。正中；《乾》九二爻居内卦正得中位。庸言：平常的言论。先儒有解"庸"为"中"者，但由下文"善世而不伐"思之。似解"庸"作平庸为妥。闲：防。善世：吴汝纶曰："此'善世'即善大，与'德博'对文。"伐：自夸。化：感化。君德：即阳德，阳为君。

⑥此释《乾》九三爻辞。进德修业：增进德性修治学业。九三过中，故曰"进德修业"。修，治。知至至之：前"至"为名词，指到达，后"至"为动词，指努力做到。知终终之：前"终"为名词，指终结。后"终"为动词，指善于停止。几：微。《系辞》："几者，动之微，吉之先见者也。"上位：九三居内卦之上。下位：指九三居外卦之下。

⑦此释《乾》卦九四爻辞。上下：言爻位。四为阴位，上可以承君，下可以应初，故曰"上下"。邪，邪枉。九四以阳居阴失位故曰"邪"。进退：言爻，九四上进可居五，下退可居三。群：类。此指阳类。《乾》六爻皆阳，故六阳称"群"。

⑧此释《乾》九五爻辞。同声相应，同气相求：乾坤阴阳各以类相应相求。乾为纯阳，故曰"同声""同气"。应，感应。求，追求。云从龙：云，水气。龙，水物。云龙同类，感气相致，故"云从龙"。风从虎：风为震动之气，虎是威猛之兽，虎啸风生，风与虎也同气类，故曰"风从虎"。作：起。覩：见。亲：亲附。

⑨此释《乾》上九爻辞，与《系辞上》八章同。注见上。

今译：

“元”，是众善的首长；“亨”，是嘉美的会合；“利”，是事物得体而中和；“贞”，是事物的根本。君子(效此)全视仁足以治理人。嘉美会合足以合乎礼，裁成事物足以合乎义。能真正固守足以成就事业。君子能行此四德，所以说：“乾、元、亨、利、贞。”初九爻辞说：“潜伏之龙，不可妄动。”这是什么意思？孔子说：“人有龙德而隐居，(其志)不为世俗所改变，不急于成就功名，隐退世外而不烦闷。(其言行)不被世人赞同亦无烦闷，(君子)所乐之事去做，所忧之事则不去做，坚强而不可动摇。这就是潜龙。”九二爻辞说：“龙出现在田野，适合见大人。”这是什么意思？孔子说：“人有龙德而居正得中，很平常的言论亦当诚实，平凡的举动亦当谨慎。防止邪恶而保持诚信，善行很大但不自夸，德行广博而化育人。《周易》说：‘龙出现田野，利见大人’。这是君主之德”九三爻辞说：“君子终日勤奋不息，夜间戒惕似有危厉，无咎灾。”这是什么意思？孔子说：“君子为增进德性而修治学业。(为人)忠诚信实所以增进德性。修饰言辞以树立诚意，所以成就学业。知道所要达到的目标而努力争取。可与(他)讨论几微之事。知道终结而善于终止，可与(他)保存事物发展适宜状态。所以居上位而不骄傲，在下位而不忧悉。所以勤奋进取因其时而戒惧，虽有危厉而无咎。”九四爻辞说：“龙在渊中惑于跃而未跃，无咎。”这是什么意思？孔子说：“或上或下，无一定常规，并非为了邪欲，或进或退，不是恒久不变的，并非脱离人群。君子增长德性，修治学业，想及时完成，故无咎。”九五爻辞说：“龙飞于天上，适合见大人。”这是什么意思？孔子说：“相同的声音相互感应，相同的气息相互追求，水往湿处流，火往干处燃，云从龙生，风由虎出。圣人兴起而万物清明可见。受气于天的亲附上，受气于地的亲附下，则各归从(自己的)类别。”上九爻辞说“龙飞过高有悔。”这是什么意思？孔子说：“尊贵而没有具体职位，高高在上而与民众脱离，贤明之士处下位而无人来辅助，所以只要一行动就产生悔恨。”

经文：

“潜龙勿用”，下也；“见龙在田”，时舍也；“终日乾乾”，行事也；“或跃中渊”，自试也；“飞龙在天”，上治也；“亢龙有悔”，穷之灾也；乾元“用九”，天下治也。[①]“潜龙勿用”，阳气潜藏；“见龙在田”，天下文明；“终日乾乾”，与时偕行;“或跃在渊”,乾道乃革;“飞龙在天”,乃位乎天德;“亢龙有悔”,与时偕极;乾元“用九”,乃现天则。[②]乾“元”者,始而亨者也;“利贞”者,性情也。乾始能以美利利天下,不言所利,大矣哉,大哉乾乎,刚健中正,纯粹精也。六爻发挥,旁通情也,时乘六龙,以御天也。云行雨施,天下平也。[③]君子以成德为行,日可见之行也。“潜”之为言也,隐而未见,行而未成,是以君子弗用也。[④]君子学以聚之,问以辩之,宽以居之,仁以行之。《易》曰:“见龙在田,利见大人。”君德也。[⑤]九三重刚而不中,上不在天,下不在田,故乾乾因其时而惕,虽危“无咎”矣。[⑥]九四重刚而不中,上不在天,下不在田,中不在人,故“或”之,或之者,疑之也。故“无咎”。[⑦]夫“大人”者,与天地合其德,与日月合其明,与四时合其序,与鬼神合其吉凶。先天而天弗违,后天而奉天时,天且弗违,而况于人乎!况于鬼神乎![⑧]“亢”之为言也,知进而不知退,知存而不知亡,知得而不知丧,其唯圣人乎!知进退存亡而不失其正者,其唯圣人乎![⑨]

注释:

①此以人事释《乾》爻辞。下,释“潜”,指初九之阳居下,其位卑贱。舍,此字古人多解;有谓“舍”通“舒”者,然案之《井》卦初六爻“旧井无禽”,《象》曰:“时舍也。”显然《象》解“舍”为弃,由《文言》称“云从龙”,可知龙本应在天为得时,今在田而曰“时舍也”,可知此处亦解“舍”为弃。试:验。穷:极。

②此以天道释《乾》爻辞。阳气潜藏:初九一阳居下,故象征阳气潜于下而未动。天下文明:九二阳气上升,故天下文彩光明。文明,文彩光明。偕:俱。乾道乃革:《杂卦》:“革,去故也。”九四爻居上卦之始,故“乾道乃革”。位乎天德:阳至九五而处尊位。天德:指九五天位。极:终极。天则:天象法则。

③此申《乾·象》意。即释《乾》卦卦辞。性情:一本作“情性”。性,天性。情,是情意。人禀阴阳而生故有性情。《白虎通德论·情性》:“情性者,何谓也?性者,阳之施。情者,阴之化也。人禀阴阳之气而生,故内怀五性六情。”能:而。美利:美善。此指生物。即云行雨施以生物。刚健中正:《乾》六爻皆阳故“刚健”,二五为中,初、三、五以阳居阳得位故曰正。《乾》六爻中九五居中得正,故曰中正。纯粹精:此卦全阳不杂故曰“纯粹精”。色不杂曰纯,米不杂曰粹,米至细曰精。挥:动,散。一本作辉,二者音同义通

假。旁:遍。通:通达。《系辞》:“往来不穷谓之通。”六龙:六位之龙。御:驾马使行。云行雨施:指天之功用。云气流行,雨泽布施。平:均匀平和。

④此释初九爻辞。成德:已成就的道德。弗:不。

⑤此释九二爻辞。聚:会。辩:一本作辨。二者通,有明辨之义。宽:弘广。

⑥此释九三爻辞。重刚:九三居内卦乾之终,上与外卦乾之初相接,乾为刚,故曰“重刚”。不中:指九三不处二五之位,爻以二五为中。上不在天,指往上不在九五爻。天,指九五爻。此爻辞为“飞龙在天”。田,指九二爻。此爻辞为“见龙在田”。

⑦此释九四爻辞。中不在人:九四居卦中间而不处人之正位。中,指居卦之中。人,指人位。卦三、四爻为人位,三与二相比,故三附于地处人之正位。四虽处人位,但元于地而近天,非人所处,故九四“中不在人”。

⑧此释九五爻辞。大人:此指九五而言,九五有“利见大人”之辞。大人指圣明德备之人。《周易》中有周人五号:帝,天称。王,美称。天子,爵号。大君,兴感行异。大人,圣明德备。序:次序。鬼神:阴阳之气屈伸变化,天时:四时。

⑨此释上九爻辞。上“圣人”王肃本作“愚人”,案愚人、圣人相对为文,故王肃本极是。唯:通惟,犹是。《文选·甘泉赋》李善注:“惟,是也。”

今译:

“潜伏之龙,不要轻举妄动”,(因)地位卑下;“龙出现在田野”,因时而被舍弃;“终日勤奋不息”,开始有所行动;“龙在渊中惑于跃而未跃”将由自己试验;“龙飞上天”,居上而治理天下;“龙飞过高而有悔”,是由穷极而造成的灾害;《乾》卦开始用九数(以变化天下),天下必然大治。“潜伏之龙,不要轻举妄动”,阳气潜藏于地下;“龙出现在田野”,天下万物呈现光明;“终日勤奋不息”,随从天时的变化而行动;“龙在渊中惑于跃(而未跃)”,乾之道即将出现变革;“龙飞上天”,已位居于天德;“龙飞过高而有悔”,随天时变化而达到终极;《乾》卦始用九数,天道法则显现。乾“元”,开始而亨通;“利贞”,是物之性情。乾一开始能以化育的美与利以利天下万物,却不言利物之功,盛大啊!伟大啊乾阳,刚劲强健而中正不偏,可谓纯粹精微。六爻变动,普遍通达于情理,因时掌握六龙(爻)的变化,以驾御天道,云气流行,雨水布施,天下和平。君子以完成道德修养作为行动(目标),每天都显现于行动。(初爻)所说的“潜”,是隐藏而未显现,行动尚未成功,所以君子不能有所作为。君子学习以聚积知识,互相间难以明辨是非,宽宏大量与人相处,以仁爱之心指导行动。《周易》说“龙出现在田野,宜于见大人”。此谓君子之德。九三处于重重阳刚交接之处而不居中位,上不及天位,下不在地位,所以“终日勤奋”,因其时而戒惕,虽有危难而“无咎”。九四爻处于重重阳刚交接之处而不居中位,上不及天位,下不在地位,处卦中间不在人位,所以有“或”字,“或”,疑惑,所以“无咎”。(九五爻辞)的“大人”,其德性与天地相合,其圣明与日月相合,其施政与四时顺序相合,其吉凶与鬼神相合,先于天道行动而与天道不相违背,后于天道行动而顺奉天时,既然天都不违背他,何况人呢!更何况鬼神呢!(上九爻辞所说)的“亢”,是说只知前进而不知后退,只知生存而不知灭亡,只知获得而不知丧失,这大概是愚人吧!知进退存亡之理而不失正道,这大概是圣人吧!

经文:

坤至柔而动也刚,至静而德方,后得主而有常,含万物而化光。坤道其顺乎,承天而时行。①积善之家必有余庆,积不善之家必有余殃。臣弑其君,子弑其父,非一朝一夕之故,其所由来者渐矣。由辩之不早辩也。《易》曰:“履霜,坚冰至。”盖言顺也。②“直”其正也,“方”其义也。君子敬以直内,义以方外,敬义立而德不孤。“直方大,不习无不利。”则不疑其所行也。③阴虽有美,“含”之以从王事,弗敢成也。地道也,妻道也,臣道也。地道“无成”而代“有终”也。④天地变化,草木蕃,天地闭,贤人隐。《易》曰:“括囊,无咎无誉。”盖言谨也。⑤君子“黄”中通理,正位居体,美在其中,而畅于四支,发于事业,美之至也!⑥阴疑于阳必战,为其嫌于无阳也。故称“龙”焉犹未离其类也,故称“血”焉。夫“玄黄”者,天地之杂也,天玄而地黄。⑦

注释:

①此释《坤》卦辞。至柔:《坤》六爻皆阴,纯阴和顺,故曰“至柔”。德方:先儒多解“德”为德性,但由上文“动也刚”思之,“德”与“动”对文,似以作“得”解为妥。方,方正。古人以圆说明天体运动,以方正说明地之静止,故称“方”。“方”释经文中“贞”。后得主:经文中有“先迷后得主”,其意为:

先迷惑后找到主人。传文释为“后得主而有常”。显然与经文之义不同。常,规律,常道。化光:化育广大。古“化”有生义。光,广。

②此释《坤》初六爻辞“履霜,坚冰至”。原意为:踏霜之时,当知坚冰之日将至。弑:试杀。《白虎通德论·诛伐篇》:“弑者,何谓也?弑者,试也。欲言臣子杀其君父不敢卒,候间司事,可稍稍杀弑之。”辩:即辩。渐:渐进,即由小而大。《坤》初六居下,阴小而始动,不善之积,故曰“渐”。阴为不善。顺:顺从。《春秋繁露·基义篇》引作“逊”。

③此释《坤》六二爻辞。正:从止一,其义守一以止。六二以阴爻居阴位故为“正”。义:宜。六二居中,故为“义”。内:内心。

④此释《坤》六三爻辞“含章可贞,或从王事,无成有终”。经文原意为:蕴含章美可以守正,跟从大王做事,虽不成功,但有好的结果。含:含藏。六三是以阴居阳位,故为“含章”。阳为章美。

⑤此释《坤》六四爻辞。蕃:草木茂盛。天地闭:天地不交通。六四居上下卦之间,上下皆坤,故上下不交而闭塞。闭,塞。括囊:束扎口袋。

⑥此释《坤》六五爻辞“黄裳元吉”。黄中:六五居中,而有中德。古代以土色为黄,土在五行中居中,故黄色即中色,黄有中之义。正位居体:六五以阴居阳之正位。五为阳之正位,六五阴爻为体。支:肢,指四肢。发:见。

⑦此释《坤》上六爻辞“龙战于野,其血玄黄”。阴:《坤》上六为阴。疑:即凝,有交结、聚合之义。嫌:疑。未离类:《坤》上六虽称龙,但未离开阴类。玄黄:天地之正色,此指阴阳相遇两败俱伤。玄:黑中有赤。

今译:

坤极其柔顺,但动显示出它的刚强;(坤)极其静止,但尽得地之方正。后找到主人而有常道(行之)含藏万物而化育广大。坤道多么柔顺,顺承天道依时而行。积善之家,必定福庆有余,积不善之家,必定灾殃有余。大臣杀掉国君,儿子杀死父亲,这并非一朝一夕所造成的,(祸患的产生)由来已久,渐积而成。由于没有及早察觉此事。《周易》说:“踏霜之时,预示坚冰之日将至。”这是说顺从事物发展结果。“直”是说正直,“方”是说事物处置得适宜。君子用恭敬以使内心正直,用处事之宜来方正外物,“敬”与“义”已确立而道德就不孤立了。“直方大,不熟悉没有不利的”。(这样)则没有人怀疑他的行为了。坤阴虽有美德,“含藏”它以跟从大王做事,不敢成就(自己的功名)。这就是地道、妻道、臣道。地道虽“没有成就”自己的功名,但替(天道)“终结了”(养育万物之事)。天地交感变化,草木蕃盛;天地闭塞不交,贤人隐退。《周易》说:“束扎口袋,没有咎灾,没有名誉。”这是说谨慎的道理,君子内有中德通达文理,外以柔顺之体居正位,美存在于心中,而通畅于四肢,发见于事业,这可是美到极点啦!坤阴交接于阳,阴阳必定会发生战斗,为嫌(坤)没有阳,所以(《坤》上六爻辞)称“龙”,然而此爻又未曾离开阴类,故爻辞称“血”。这“玄黄”,是天地的杂色,天色为玄,底色为黄。

说卦

昔者圣人之作《易》也,幽赞于神明而生蓍,[②]参天两地而倚数,[③]观变于阴阳而立卦,[④]发挥于刚柔而生爻,[⑤]和顺于道德,而理于义,穷理尽性,以至于命。[⑥]

注释:

①案马王堆出土帛书《系辞》杂有今本《说卦》前三章,《隋书·经籍志》载:"及秦焚书,……唯失《说卦》三篇。"可以断定《说卦》在流传过程中有错简、误论现象。因材料的限制,无法证实错讹的具体情形,故此还按传统对《说卦》章节划分注释。

②幽:隐,深。赞:又作"讃",其义训为"助""求"。幽赞,即深深祈求。神明:本指天神地明。庄子曰:"天尊地卑,神明之位。"(《庄子·天道》)荀爽:"神者在天,明者在地。"(李氏《周易集解》)此指天地变化神妙莫测。生蓍:创立揲蓍之法。

③参天两地:先儒众说纷纭,兹列几说如下:(一)天地之数相合,天得三合(一、三、五),地得两合(二、四)。(二)分天象为三才,以地两之,立六画数。(三)天地之数为十,以天三乘之为三十,以地二乘之为二十。其数积之和正为大衍之数五十。(四)天圆地方,圆是用一围成三,方是用一围成四,三为三个奇数,四是两个偶数,故三天两地。(五)三天两地即为古代奇偶。(六)参天者,谓从三始,顺数而至五、七、九;两地者,谓从二起,逆数而至十、八、六。以八卦相配,天三配艮,天五配坎,天七配震,天九配乾,此从三顺配阳四卦;以地二配兑,以地十配离,以地八配巽,以地六配坤,此从两逆配阴四卦。取八卦配天地之数总五十而为大衍,天一地四无卦可配,故虚而不用等等。综观先儒诸说,多为臆测之辞,似未得实。案"参天两地"之确义,笔者以为在《说卦》中已作明确解释。《说卦》云:"昔者圣人之作《易》也,幽赞于神明而生蓍,参天两地而倚数,观变于阴阳而立卦,发挥于刚柔而生爻……"又说:"昔者圣人之作《易》也,将以顺性命之理,是以立天之道曰阴与

阳,立地之道曰柔与刚……。"两段文字,皆以"昔者圣人之作《易》也"起始,但一述神明之"数",一述性命之"理",而"数""理"一致,故这两段文字是互应互补的。对比这两段文字,可看到其前一段"参天两地而倚数"与后一段"立天之道曰阴与阳,立地之道曰柔与刚"是前后呼应的,先儒之误在全以奇数释"天",而不知其"立天之道曰阴与阳",皆以偶数释"地",而不知其"立地之道曰柔与刚"。这种天道中既有阳又有阴,地道中既有柔又有刚的思想,是解决这一问题的关键。天道"曰阴与阳",显然只有"三",因"一"为天数象阳,"二"为地数法阴。但"一"虽为天数像阳但无法包含地数"二",以体现天道之"曰阴与阳",惟有天数"三",才既含天数"一",又含地数"二"体现出天道的阴与阳。此即"参天"倚数的根本所在。同样,在地形成,"二"为地数法阴,但地数"二"中已包含天数"一"。故地道之"柔与刚"在"两地"中包含。总之,参,即三。两,即二。参与两,乃指天地之数中各能包含阴与阳的最小生数。

④变:变化。此言筮法,指数之变化,即分二、挂一、揲四,归奇于扐蓍策变化。《系辞》有"十有八变"之变即是此意。阴阳:指老阴、才,少阴,少阳。

⑤发:动。挥:变。刚柔:指刚画柔画。生爻:刚变生柔,柔变生刚,九六相变。

⑥道:天道。德:得。所得以生谓德。道德犹言自然规律。理,条理。义:制事之宜。穷理尽性:研究物理穷尽物性。命:天命。

今译:

昔日圣人作《周易》时,深深祈求神明而创制蓍法。是以天数三与地数两为依据而确立阴阳刚柔之数,观察阴阳的变化而确实卦画,变动刚柔之画而产生了爻。和顺于(自然)道德,而调理事物得其宜。穷研物理而尽物性,以至于通晓天命。

经文:

昔者圣人之作《易》也,将以顺性命之理,是以立天之道曰阴与阳,立地之道曰柔与刚,立人之道曰仁与义。[①]兼三才而两之,故《易》六画而成卦。[②]分阴分阳,迭用刚柔,故《易》六位而成章[③]。

注释：

①阴阳：就天之气而言，指阴阳之气。刚柔：就地之质而言，指刚柔之质。仁义：就人之德而言，人禀天地阴阳刚柔之情而有仁义。

②兼：兼备。三才：天地人，此指三画。两：两相重。

③分阴分阳：分阴位阳位。汉人以为二、四、上为阴位，初、三、五为阳位。迭：递，即交替。章：文彩，指刚柔杂居以成文彩。

今译：

昔日圣人作《周易》时，将以顺从性命之理，所以确立了天道为阴与阳，确立了地道为柔与刚，确立了人道为仁与义。兼备（天地人）三才之画而使之相重，因此《周易》六画而成一卦。分（二、四、上为）阴位，分（初、三、五为）阳位，（六爻）之位，更迭使用刚柔，故《周易》六位之（阴阳刚柔）顺理成章。

经文：

天地定位，[①]山泽通气，雷风相薄，水火不相射，八卦相错。数往者顺，知来者逆，是故《易》逆数也。[②]

注释：

①天地定位：天地确立上下位置，天尊位上，地卑位下。天地、山泽、雷风、水火为八卦之象。通气：气息相通。薄：迫，入。射：厌。错：交。此言八卦排列。马王堆帛书《易经》作："天地定立（位），山泽通气，火水相射，雷风相搏（薄）。"与今本不尽相同。

②数往者顺：以数推算过去之事为顺势。往，指过去事物，过去的事物是从简单到复杂，以数言之，则是从一到多，其势顺。马其昶说："天下之数始于一，一而二，二而三，自是以往，至于十、百、千、万之无穷，由少而多，其势顺，是之谓'数往者顺'。"此释极确。知来者逆：与上一句其义相反，是说预知未来当为逆势，即从复杂到简单，就数而言从多到少。《周易》之数用六、七、八、九、始于万有一千五百二十策内，《周易》筮法，"先用大衍五十之数，以得二十八、三十二、三十六、二十四这策数，再由策数以得七、八、九、六

之数，而阴阳老少以分，自多而少，其势逆，《易》以逆知来事，故其数亦用逆数也”。(马其昶语)故此节得出结论：“《易》逆数也。”亦有解卦爻由下向上数谓逆数者，恐有误。

今译：

天地确定上下位置，山泽气息相通，雷风相迫而动，水火不相厌恶，八卦相互错杂(成六十四卦)。以数推算过去顺，预知未来时逆，所以《周易》的逆数(推算来事)。

经文：

雷以动之，风以散之，雨以润之，日以烜之[①]，艮以止之，兑以说之，乾以君之，坤以藏之。[②]

注释：

①动：鼓动。雷发声尤物动，群蛰起，故雷言动。散：布散。润：滋。烜：又作晅、暅，其义训为干。

②说：悦。君：主。藏：包养。

今译：

雷鼓动(万物)，风散布(万物)，雨滋润(万物)，日干燥(万物)，艮终止(万物)，兑喜悦(万物)。乾统领(万物)，坤藏养(万物)。

经文：

帝出乎震，齐乎巽，相见乎离，致役乎坤，说言乎兑，战乎乾，劳乎坎，成言乎艮。[①]万物出乎震。震，东方也。齐乎巽。巽，东南也。齐也者言万物之絜齐也。离也者，明也。万物皆相见，南方之卦也。圣人南面而听天下，向明而治，盖取诸此也。[②]坤也者，地也，万物皆致养焉，故曰致役乎坤。兑，正秋也，万物之所说也，故曰说言乎兑。战乎乾。乾，西北之卦也，言阴阳相薄也。坎者，水也。正北方之卦也，劳卦也，万物之所归也，故曰劳乎坎。艮，东北之卦也，万物之所成终。而所成始也。故曰成言乎艮。[③]

注释:

①帝:天。乾为天,故此乾阳之旺气发而万物生。相见:显现,显著。见:读“现”。役:从事。说:悦。战:接。劳:动之余而休息。成:完全,成就。

②乔:本义指用绳子围量,此引申为修整,整齐。南面:古代以坐北朝南为尊位,故天子诸侯见群臣或卿大夫见僚属,皆南面而坐。后专指帝王听政统治。

③薄:迫入。归:藏。成终、成始:古人多解:一、万物自春出生于地、冬气闭藏,还皆入地,即言万物阴气终,阳气始。二、万物成始乾甲,成终坤癸,艮东北,是甲癸之间,故万物成终成始。三、艮为东北之卦,东北在寅丑之间,丑为前岁之末,寅为后岁之初,故曰万物成终成始。案《灵枢·九宫八风篇》:艮宫为立春,坎宫为冬至,震宫为春分。立春位于冬至和春分之间,为旧的一个终结和新的一年开始,故万物成终成始。

今译:

万物生于(东方)震位,(万物生长)整齐于巽位,显现于离位,役养于坤位,欣悦于兑位,相接于乾位,劳倦息于坎位,成就于艮位。万物生于震,震为东方,整齐于巽,巽为东南方。齐,是说万物整齐。离,光明,万物皆相显现。南方之卦。圣人面南而坐听政于天下,朝光明方向处理政务,大概就取于此义吧!坤为地,万物都置于地的养育下,所以说:“致养于坤。”兑,正秋季节,万物皆喜悦(于收获),所以说:“悦言于兑。”相交接于乾,乾,西北之卦。说的是阴阳相迫。坎为水,正北方之卦。(也是)劳倦之卦,万物(劳倦)需归而休息,所以说“劳于坎”。艮东北之卦,万物在此完成它的终结而又有新的开始。所以说“成言乎艮。”

经文:

神也者,妙万物而为言者也。动万物者,莫疾乎雷;桡万物者,莫疾乎风;燥万物者,莫熯乎火;说万物者,莫说乎泽;润万物者,莫润乎水;终万物始万物者,莫盛乎艮。[①]故水火不相逮,雷风不相悖,山泽通气,然后能变化,即成万物也。[②]

注释：

①疾：急速。桡：本指舟楫。此引申为散，吹拂。燥：干。有干燥之义。盛：成。

②水火不相逮：一本无“不”字。案上文“水火不相射”“雷风不相悖”，当以无“不”字为是。帛书《易经》作“火水相射，雷风相搏（薄）”即其证。逮，及。悖：逆。

今译：

所谓神，是指奇妙生成万物而言。鼓动万物，没有比雷更急速的；吹散万物，没有比风更迅疾的；干燥万物，没有比火更炎热的；喜悦万物，没有比泽更欣悦的；滋润万物，没有比水更湿润的；终结、开始万物，没有比艮更成功的。所以水火相互吸引，雷风不相违背，山泽气息相通，然后才能变化而生成万物。

经文：

乾，健也；坤，顺也；震，动也；巽，入也；坎，陷也；离，丽也；艮，止也；兑，说也。[①]

注释：

①丽：依附。说：通悦。

今译：

乾，（其性）刚健；坤，（其性）柔顺；震，（其性）震动；巽，（其性）I 渗入；坎，（其性）陷险；离，（其性）依附；艮（其性）静止；兑，（其性）喜悦。

经文：

乾为马，坤为牛，震为龙，巽为鸡，坎为豕，离为雉，艮为狗，兑为羊。[①]

注释：

①豕：猪。郑《月令》注：“彘”“水畜”。又《诗・小雅》笺：“豕之性能

水”,故坎为豕。

今译:

乾象马,坤象牛,震象龙,巽象鸡,坎象猪,离象雉,艮象狗,兑象羊。

经文:

乾为首,坤为腹,震为足,巽不股,[①]坎为耳,离为目,艮为手,兑为口。[②]

注释:

①坤为腹:姚配中:“《素问》云:‘腹者,至阴之所居’。”巽为股:巽为大腿。股,大腿。

②坎为耳,离为目:惠栋曰:“《淮南》云:‘耳目,日月也。’”

今译:

乾象头,坤象腹,震象足,巽象股,坎象耳,离象目,艮象手,兑象口。

经文:

乾,天也,故称乎父;坤,地也,故称乎母。震一索而得男,故谓之长男,巽一索而得女,故谓之长女;坎再索而得男,故谓之中男,离再索而得女,故谓之中女;艮三索而得男,故谓之少男;兑三索而得女,故谓之少女。[①]

注释:

①此言乾坤生“六子”(震、巽、坎、离、艮、兑)三男三女经卦、似有规律可寻。凡阳爻居下者为长男,阴爻居下者为长女,阳爻居中者为中男,阴爻居中者为中女。阳爻居上者为少男,阴爻居上者为少女。三男三女之顺序皆自下而上。索,求。男:男性,此指阳爻。女:女性,此指阴爻。

今译:

乾,象天,故称它为父;坤,像地,故称它为母。震是(乾坤相交)初次求取(一乾阳而成)故为长男,巽是(乾坤相交)初次求取(一坤阴而成)故为长女,坎是(乾坤相交)再次求得(一乾阳而成,)故为中男,离(乾坤相交)再次求取(一坤阴而成)故为中女,艮是(乾坤相交)第三次求取(得一乾阳而成)故为少男,兑是(乾坤相交)第三次求取得(一坤阴而成)故为少女。

经文:

乾为天,为圜,为君,为父,为玉,为金;为寒,为冰;为大赤;为良马,为老马,为瘠马,为驳马;为木果。[①]坤为地,为母,为布;为釜;为吝啬;为均;为子母牛;为大舆;为文;为众,为柄;其于地也为黑。[②]震为雷,为龙,为玄黄;为旉旉;为大涂;为长子;为决躁;为苍筤竹;为萑苇;其于马也,为善鸣,为馵足,为作足,为的颡;其于稼也,为反生,其究为健,为蕃鲜。[③]巽为木;为风,为长女;为绳直,为工;为白;为长;为高;为进退;为不果;为臭;其于人也,为寡发,为广颡,为多白眼;为近利市三位;其究为躁卦。[④]坎为水,为沟渎;为隐伏;为矫輮;为弓轮;其于人也,为加忧,为心病,为耳痛;为血卦,为赤;其于马也,为美脊,为亟心,为下首,为薄蹄,为曳;其于舆也,为多眚;为通;为月;为盗;其于木也,为坚多心。[⑤]离为火,为日,为电;为中女;为甲胄,为戈兵;其于人也,为大腹;为乾卦;为鳖,为蟹,为蠃,为蚌,为龟;其于木也,为科上槁。[⑥]艮为山,为径路,为小石;为门阙;为果蓏;为阍寺;为指;为狗,为鼠,为黔喙之属;其于木也,为坚多节。[⑦]兑为泽;为少女;为巫;为口舌;为毁折,为附决;其于地也,为刚卤;为妾;为羊。[⑧]

注释:

①陈说乾卦取象。圜:圆。天为圆,《说文》:“圜,天体也。”故乾有圆象。寒冰:乾为西北方位,故乾为寒冰。赤:红,太阳之色。大赤,指朝礼用的赤色旗。《礼·明堂位》:“周之大赤。”疏:“周之大赤者,赤色旗。”瘠:多骨。一本作“柴”。驳:马色不纯。木果:木本之果。郭雍曰:“木以果为始,尤物以乾为始。”《周易本义》:“荀九家,此下有为龙、为直、为衣、为言。”

②陈说坤卦取象。布:广布。亦为古代货币名。货币藏之为“泉”,流行称布,取其流行之义,但与《系辞》之“交易而退,各得其所”有不符处,故仅可备一说。釜;锅。吝:吝啬。又作“遴”。均:一本作“旬”,均、旬二者通。《尔雅·释言》“询,均也”。洵为旬之假借。《管子·侈靡篇》:“旬身行。”注:“皆以旬为均。”十日为旬,坤数十,故称“旬”。子母牛:有作雌母牛者。笔者认为乃指有身孕之牛。舆:车。文:万物相杂。众:众民。柄:本。此取

万物以地为本。

③陈述震卦取象。玄黄:天地之杂色。天为玄色,地为黄色。亦有说东方日出色杂者,可备为一说。大涂:古道路男子由右,妇人由左,车以中央。是道有三,三道曰涂,大涂即大道。决躁:急疾之貌。《广雅》云:"躁,起疾也。"苍筤:青色。萑苇;指荻与芦苇。亦有解作竹类者。馵:马后左蹄白。的:白。颡:额。作足:指马行先动四足。作:动。稼:庄稼。反生:指麻豆之类戴甲而出。震阴在阳上,阳动下,故为反生。究:极。蕃鲜:草木蕃育而鲜明。

④陈述巽卦取象。绳直:工匠以墨绳测量以使木直。工:古人有解作"墨"者,可与"绳直"之义互应。长:取风吹远。进退:取风行无常。果:果决。臭:气味。寡发:发稀少。一本作"宣发"。黑白杂曰"宣"。广颡;头额宽阔。近利市三倍:将近从市中获三倍之利。日中为市,巽居东南方,与离相近。故"近利市"。躁:动而不止。躁卦指震卦。

⑤陈述坎卦取象。渎:沟。隐伏:坎一阳藏于阴中,故有隐伏之象。矫车柔:一本作"挢揉"。使曲者变直者为矫,使直变曲为輮。弓轮:弓为矢,轮为车轮。二者为矫揉而成。加忧:忧虑加重。血卦;人体有血如地有水,故坎为血卦。《管子·水池》:"水者,地之血气,如筋脉之流通者也。"脊:脊背。亟:急。此当为敏捷。下首:马低头。薄蹄:马蹄磨薄。曳:引拖。眚:眼生病,此引申为灾难。月:《淮南子·天文训》:"积阴之寒气为水,水气之精者为月。"故坎为月,坚多心:指棘枣之类。枝束多则树心多。阮元曰:"刘熙《释名》云:'心,纤也。'言纤微无物不贯也。凡纤细而锐者,皆可名曰心。《诗》'吹彼棘心'。孙炎《尔雅》注云:'橚朴一名心,皆谓有芒刺之木。'"

⑥陈述离卦取象。离为火:离为南方之位,南方属火。为日:《淮南子·天文训》:"积阳之热气生火,火气之精者为日。"胄:兜鍪,即盔。戈兵:兵器。离内柔外刚,盔甲、兵器在人身外以防身,如离内柔外刚,故离为胄、兵戈。乾:一本作"幹"。此训为干燥。蠃:海螺。蚌:海蛤。科:一本作"折"。木中空易折为科。槁:枯槁。

⑦陈述艮卦取象。径路:田间小路。此指山间小道。门阙;门观。《尔雅·释宫》:"观谓之阙"。孙炎注曰:"宫门双阙,旧章悬焉,使民观之,因谓之观。"观指门两旁的台榭。果蓏:果指桃李之类,木实曰果。草实曰蓏,如西瓜、甜瓜、冬瓜等。阍寺:指掌管王宫之门禁之人。阍,宫门,又指"阍人",

即守宫门人。寺,官舍,又指"寺人",即执守宫中小臣(详见《周礼·天官》)。狗:一本作拘。狗、拘通。一说为家畜,一说为屈伸制物。由下文"黔喙之属"观之,当以作"狗"为妥。黔喙:肉食之兽。有说豺狼之属,有说为虎豹之属。黔,黑。

⑧陈述兑卦取象。巫:祝。古代称能以舞降神之人为巫,女巫曰巫。男巫曰觋。巫以口舌与神通,故兑为巫。毁折:兑上画断缺,如物之毁折。又说兑为西方主秋,万物始折,故兑为毁折。附:依从。刚卤:指坚硬而含咸质。卤,咸土。《说文》:"卤,西方咸地也。"兑二阳在下故刚,一阴在上下润故卤。为妾:兑少女之位贱,故"为妾"。

今译:

乾为天,为圆;为君,为父;为玉,为金;为寒冷,为冰冻;为大红色;为良马,为老马,为瘦马,为花马;为木果。坤为地;为母;为广布;为锅;为吝啬;为十日;为有孕之牛;为大车;为文彩;为民众为(生育之)本;对于地为黑色。震为雷;为龙;为青黄杂色;为花;为大路;为长子;为决然躁动;为青色竹子;就马而言为善于嘶鸣,为后左蹄有白毛,为四足皆动,为(马)额头有白斑;就庄稼而言,为戴甲而反生;其极为刚健;为草木蕃育鲜明。巽为木;为风;为长女;为绳直(墨线),为工匠;为白色;为长远;为高;为进退,为不果敢决断;为气味;就人而言,为头发稀少,额头宽阔,为眼白多(而瞳仁小);为从市中获得近三倍之利;其极为躁卦。坎为水,为沟渠;为隐伏;为矫曲而柔直;为矢弓车轮;就人而言,为忧虑加重;为心痛,为耳痛。为血卦,为红。就马而言,为脊背美丽,为敏捷,为低头,为蹄子薄,为拖曳;就车而言,为多灾难;为通达,为越;为盗寇;就木而言,为坚硬而多木心。离为火,为日,为电;为中女;为盔甲,为兵器;就人而言,为大腹;为干燥之卦;为鳖,为蟹,为螺,为蚌,为龟;就木而言,为木中已空而枯槁。艮为山,为山间小路;为小石;为门台;为瓜果;为阍人寺人(守宫);为手指;为狗;为鼠;为黑色食肉兽;就木而言,为坚硬而多枝节。兑为泽;为少女;为巫师;为口舌;为拆毁;为附著决断;就地而言,为坚硬而含碱;为小妾;为羊。

序卦

(一)

有天地,然后万物生焉。[1]盈天地之间者唯万物,故受之以屯。屯者,盈也。屯者,物之始生也。[2]物生必蒙,故受之以蒙。蒙者,蒙也,物之稺也。[3]物稺不可不养也,故受之以需。需者,饮食之道也。[4]饮食必有讼,故受之以讼。讼必有众起,故受之以师,师者,众也。[5]众必有所比,故受之以比。比者,比也。比必有所畜,故受之以小畜。[6]物畜然后有礼,故受之以履。履而泰然后安,故受之以泰。泰者,通也。[7]物不可以终通,故受之以否。物不可以终否,故受之以同人。[8]与人同者,物必归焉,故受之以大有。有大者不可以盈,故受之以谦。[9]有大而能谦必豫,故受之以豫。豫必有随,故受之以随。[10]以喜随人者必有事,故受之以蛊。蛊者,事也。[11]有事而后可大,故受之以临。临者,大也。物大然后可观,故受之以观。[12]可观而后有所合,故受之以噬嗑。嗑者,合也。物不可以苟合而已,故受之以贲。贲者,饰也。[13]致饰然后亨则尽矣,故受之以剥。剥者,剥也。物不可以终尽剥,穷上反下,故受之以复。[14]复则不妄矣,故受之以无妄。有无妄,然后可畜,故受之以大畜。[15]物畜然后可养,故受之以颐。颐者,养也。不养则不可动,故受之以大过。[16]物不可以终过,故受之以坎。坎者,陷也。陷必有所丽,故受之以离。离者,丽也。[17]

注释:

①天地:此天地指六十四卦中的乾坤。以"天地"生万物说明乾坤为六十四卦之首的原因。万物:指自然界万物,此以"万物"说明六十四卦,"二篇之策万有一千五百二十,当万之数"。

②盈:满。受:继,承继。屯:卦名。屯本义从屮从一,屮即草,一为地,故有草木茁芽于地之义。《屯》卦下震上坎,坎为雨,震为雷,雷雨动荡,其气

充塞。故屯为“盈”。又震为乾刚坤柔始交,故屯为“物之始生”。

③蒙:卦名。蒙本义是冢上草木,有覆盖之义。此通萌,郑玄曰:“齐人谓萌为蒙”,即指幼小之貌。物之初生幼小是未开著,故蒙为蒙昧。穉,一本作“穉”“稚”。古三字通,有幼稚之义。

④需:卦名。通雩,本义指求雨之祭,引申为需求。《需》下乾上坎,坎为水,乾为天,云上于天,待时而落,故曰需有待、求雨之义。求雨为保丰年,而饮食有所依赖,故需又为“饮食之道”。

⑤讼:卦名。《讼》上乾为天,下坎为水,天在上,水在下,天与水违行,故有争讼之义。师:卦名。师为军旅之名,古二千五百人为师,师有众义。《师》下坎上坤,坤为众,坎为众。《国语·晋语》:“坎,劳也,水也,众也。”故师为众。

⑥比:卦名。一指周代社会基层组织,五家为比,比有亲密无间之义,《比》卦象是水在地上,有亲比之义。畜:一本作“蓄”,有畜养之义。小畜,为卦名。《小畜》一阴五阳,有一阴畜养五阳之义。阴为小,故曰小畜。

⑦履:卦名。履本指鞋,有践履之义,《履》卦上乾为天,下兑为泽,高高在上,泽卑在下,上下尊卑分明,故履为礼。《荀子》云:“礼者,人之所履也。”帛《易》履皆作“礼”。礼,指上下尊卑之等。李鼎祚《周易集解》、王弼《周易略例卦略》在“故受之以履”之后有“履者,礼也”。泰:卦名。帛《易》“泰”作“柰”。《泰》下乾上坤,乾阳下降,坤阴上升,故有阴阳交通之义,正如《彖》所言:“天地交而万物通也。”

⑧否:卦名。帛《易》“否”作“妇”,《否》与《泰》相反,《否》上乾为天,下坤为地,天地阴阳不交通,故否有不通之义。如《彖》所言:“天地不交而万物不通也。”同人:卦名。人即仁。同人即同仁,《同人》下离上乾,乾为天,离为火,天阳在上,离火炎上,故有志向相同之义。

⑨大有:卦名。古称丰年曰有,大丰年曰大有。《大有》一阴拥有五阳,大而富有,即《彖》所谓“柔得尊位,而上下应之,曰大有”。阳为大。谦:卦名。《谦》下艮上坤,艮山高而处地下,故有谦退之义。

⑩豫:卦名。豫本指象大,引申为娱乐,《豫》下坤上震,坤为地,震为雷,雷出地奋,万物顺性而动,故有喜乐之义。随:卦名。《随》下震上兑,震为雷在下,兑为泽在上,雷藏于泽中,随时休息,故有随从之义。

⑪蛊:卦名。蛊字本义为器皿食物腐败生虫,有败坏之义。《蛊》下巽上

艮,艮为山,巽为风,风落山,其木摧坏,故有败坏之义。又艮为少男,巽为长女,有女惑男之象,万事从惑而起,故以蛊为事,蛊为事,盖假借“故”,非蛊字有“事”之训。王引之曰:“蛊之言,故也。《尚书大传》云:‘乃命五史。以书五帝之蛊事。’蛊事犹故事也。”

⑫临:卦名。帛易《临》卦作“林”,从爻画看《临》二刚临四柔,“刚浸而长”,故《临》刚有长大之义。观:卦名。《观》与《临》相反,《观》二阳在上,阳为大,故“物大然后可观”。

⑬噬嗑:卦名。噬嗑本义指嘴里有食物而咬合,《噬嗑》卦上下两阳,中一阳即是嘴里食物之象,此卦下震上离,离为电、震为雷、雷动而威,电闪而明,雷电相合,故有“合”之义。苟:但。《贲》:卦名。《贲》卦刚柔相错而文饰,故贲有饰之义。

⑭剥:卦名。剥有剥落之义。《剥》下坤上艮,艮为山,坤为地,山高反附于地故有剥落之义。又《剥》卦一阳于五阴之上,故有五阴剥落一阳之义。穷上反下:穷尽于上必复返于下。穷上,指《剥》一阳居上而穷尽。反下,指《复》卦一阳复一初爻。反,复。《复》卦一阳于五阴之下,有一阳复返之义。

⑮复则不妄:案《系辞》“复以自知”。自知而不妄,不妄即不妄行。《无妄》下震上乾,乾为天,震为雷,天下有雷动,故为不妄动。畜,本又作“蓄”,有积聚;蓄养之义。《大畜》下乾上艮,艮为山,乾为天,天在山中,天至大,山静止,山静止畜养至大,故为大畜。

⑯颐:原指人两腮。《颐》下震上艮,艮为止,震为动,上止下动。口腔之象,从卦画言《颐》卦上下二阳中四阴,外实中虚。像口腔,食物由口而入以养生,故颐有“养”之义。大过:指大的过失,《大过》下巽上兑,兑为泽,巽为木,泽灭木象故有过,从爻画看《大过》卦中四阳上下两阴,中间阳盛,上下弱,即本末弱,故为大过,阳为大。

⑰陷:通险。《坎》上下皆坎,坎阳陷于阴中故曰陷。丽:依附。《离》卦上下皆离,离阴依附于阳,故离为丽。

今译:

有了天地,然后万物产生了。充满天地之间的只有万物,故(《乾》《坤》后)继之以《屯》。屯,盈满。屯,万物开始生长,万物生长必然蒙昧幼小,所以继之以《蒙》。蒙,蒙昧。(是指)万物幼稚。万物幼稚不可不养育。所以继之以《需》。需,饮食之道。饮食必会发生争讼,所以继之以《讼》。争讼必会将众人激起,所以继之以《师》。师,聚众。大众必有所亲附,所以继之以《比》。比,亲附,亲比必会有蓄养,所以继之以《小畜》。物既积蓄(众人温饱)然后礼仪产生,所以继之以《履》。履礼而泰和然后(民)安,所以继之以《泰》。泰,亨通。万物不会永远亨通,所以继之以《否》,万物不会永远闭塞,所以继之以《同人》。与人同志,万物归顺,所以继之以《大有》。拥有大(富)而不可满盈,所以继之以《谦》。有大(富)而能谦让必定安乐,所以继之以《豫》。安乐必定要有人随从,所以继之以《随》。以喜东随从他人者必定发生事端,所以继之以《蛊》。蛊,事端,事端(经治)后(功业)可以盛大,所以继之以《临》。临,盛大,物盛大然后才能仰观,所以继之以《观》。可仰观必有所合,所以继之以《噬嗑》。嗑,相合。万物不可以只合而已,所以继之以《贲》。贲,文饰。致力于文饰然后亨通则会穷尽,所以继之以《剥》。剥,剥落。万物不会永远极尽剥落。上穷尽必复返于下,所以继之以《复》。复返则不会妄行,所以继之以《大畜》。万物有了积蓄然后可以养育,所以继之以《颐》。颐,养育。不养育则不可有所作为,所以继之以《大过》。万物不会永久过极,所以继之以《坎》。坎,陷险。陷险必定要有所依附,所以继之以《离》。离,依附。

(二)

有天地然后有万物。有万物,然后有男女,有男女,然后有夫妇。有夫妇,然后有父子。有父子,然后有君臣。有君臣,然后有上下。有上下,然后礼仪有所错。[①]夫妇之道,不可以不久也,故受之以恒。恒者,久也。物不可以久居其所,故受之以遯。遯者,退也。[②]物不可以终遯,故受之以大壮。物不可以终壮,故受之以晋。晋者,进也。[③]进必有所伤,故受之以明夷。夷者,伤也。伤于外者必反一于家,故受之以家人。[④]家道穷必乖,故受之以睽。睽者,乖也。乖必有难,故受之以蹇。蹇者,难也。[⑤]物不可以终难,故受之以解。解者,缓也。缓必有所失,故受之以损,损而不已必益,故受之以益[⑥]。益而不已必决,故受之以夬。夬者,决也。决必有遇,故受之以姤。姤者,遇也。[⑦]物相遇而后聚,故受之以萃。萃者,聚也。聚而上者谓之升。故受之以升。[8]升而不已必困,故受之以困。困乎上者必反下,故受之以井。井道不可不革,故受之以革。[9]革物者莫若鼎,故受之以鼎。主器者莫若长子,故受之以震。震者,动也。[10]物不可以终动,止之,故受之以艮。艮者,止也。物不可以终止,故受之以渐。渐者,进也。进必有所归,故受之以归妹。[11]得其所归者必大,故受之以丰。丰者,大也。穷大者必失其居,故受之以旅。[12]旅而无所容,故受之以巽。巽者,入也。入而后说之,故受之以兑。兑者,说也。[13]说而后散之,故受之以涣。涣者,离也。物不可以终离,故受之以节,节而信之,故受之以中孚。[14]有其信者必行之,故受之以小过。有过物者必济,故受之以既济。物不可穷也,故受之以未济。终焉。[15]

注释:

①此句就《咸》而言。《咸》下艮上兑,兑为少女,艮为少男,故称"男女"。《咸》"柔上而刚下,二气感应",故有"夫妇"之象。艮兑为乾坤求索而生,故曰"父子"。乾坤有尊卑上下,故曰"君臣""上下"。错。设置。

②恒:恒久。《恒》下巽上震,巽为风,震为雷,雷风相与而有恒久之义。遯:通"豚",谓小猪。《周易》古经"遯"字皆为此义。而《易传》训遯为"退"。《遯》下艮上乾,艮为山,乾为天,山高上逼,天远山而退去,故遯为退,从爻画看,《遯》卦二阴在四阳之下,有渐长趋势,阳将退去,故曰退。

③大壮:此卦四阳盛长而壮大,故先儒多训壮为大。依《系辞》"日中则昃,月盈则食"之理,其《大壮》四阳盛长已过半,不久当止。故有止义。《杂卦》"大壮则止"是其确证。晋,有渐进之义。《晋》下坤上离,坤为地,离为日,日出地上,渐进上长,又从爻画看,"柔进而上行",故晋有"进"义。

④明夷:有光明受伤之义。《明夷》与《晋》相反,《晋》是日出地上,《明夷》是日入地中,其光明受伤,故"明夷"有明伤之义。伤于外:《晋》离日在外,进极而伤入其内(变《明夷》)。反其家:《家人》离日在内。家人:指一家之人。《家人》下离上巽,离为火,巽为风,风火相与,有家人之义,又《家人》二五得正相应,二为女在内,五为男在外,男女正,故有家人之义。

⑤家道穷:指家室至亲,过而失节。乖:离散。睽:本义指目不相视,引申为乖异离散,《睽》下兑上离,离为火,兑为泽,火炎上,泽润下,二者相违背,故有"乖"之义。蹇:本指腿跛,行动不便,此引申为难,《蹇》下艮上坎,艮

为山，坎为水，水为山所阻不得下流，故有“难”义。

⑥解：有缓解之义。《解》下坎上震，坎为雨，震为雷，雷震天上，雨落地下，故有缓解之义。损，减损。《损》下兑上艮，艮为山，兑为泽，泽深山高有损深而增高之义。从爻画看，《损》“损下益上”，故有减损之义。《益》与《损》相反，益，有增益之义，指上增益下，《益》下震上巽，巽为风，震为雷，雷风相与而增益，从爻画看，《益》“损上益下”，故有增益之义。

⑦决：溃决，决断。夬：朱骏声训本义为，“象环缺之形”。在《易传》，“夬”训之诀。《夬》卦下乾上兑，乾为天，兑为泽，泽上于天，势必下流而散，有决之义，又从爻画看，《夬》卦一阴在五阳之上，有阳盛和决去一阴之象。决必有所遇：以阳决阴必有所喜遇。姤：相遇之义。《姤》下巽上乾，巽为风，乾为天，风行天下，无所不遇，故为遇，从爻画看，《卦》一阴在下与五阳相遇，故姤有“遇”之义。

⑧萃：会聚之义。《萃》下坤上兑，坤为地，兑为泽，泽在地上，聚水之象，从爻画看，《萃》九五居中得正，上下众阴皆应，故有聚会之义。聚而上者谓之升：是说反《萃》而成《升》，坤为众，《萃》卦坤众聚于下，《升》卦坤众在上，故曰“聚而上者谓之升”。聚，指坤众而言。升，有上升之义。《升》下巽上坤，巽为木，坤为地，地中生木，日长而升高，故有上升之义。

⑨困：穷困。《困》下坎上兑，坎为水，兑为泽，水在泽下，水下漏而上干枯，故有穷困之义。困乎上者：指《困》卦水在泽下，泽上无水而穷困。必反下：反《困》成《井》《困》兑泽到下，成巽木，而成《井》。故曰“反下”。井，有养之义。井道不可不革：即《系辞》所谓“居其所而迁”。即井能出水而利民，故曰“不可不革”。革，本指兽皮治去其毛此指变革。《革》卦下离上兑，兑为泽，离为火，泽火相息，故有变革之义。

⑩鼎：本指古代一种烹饪器和礼器，因鼎烹饪以成新物，故有取新之义。《杂卦》：“鼎，取新也。”故曰“革物莫若鼎”。《鼎》下巽上离，离为火，巽为木。木上有火，鼎烹饪之象。主器者：主管祭祀人。器，指鼎。主器者莫若长子：是指由长子主管祭祀。古代宗法世袭制度，王侯大夫之国与邑，原则上由长子继承，故长子掌管祭祀。震为长子。

⑪物不可终动：指反《震》成《艮》。屈万里《读易三种》：“岳珂九经三传沿革例，如《易序卦》‘不可以终动，动必止之’，诸本无动必，二字，惟蜀本；兴国本有之。”止，不动。《艮》上下皆艮，即上下不动，故曰止。渐，有渐进之

义。《渐》下艮上巽，艮为山，巽木，为木生山上渐渐增高，故渐为“进”。进必有所归：指反《渐》成《归妹》。古代女子出嫁，按六礼进行，成婚过程称为渐，成婚为归妹。归，嫁。《归妹》下兑上震，震为长男，兑为少女，有少女归长男之象。

⑫丰：丰大之义。《丰》下离上震，震为雷，离为电，雷电至，威严而光明，丰有“大”义。旅：旅行。《旅》下艮上离，艮为山，离为火，山上有火，火行而不停。故有行之义。又内卦艮山静止为主，外卦火动为客，山不动如馆舍，火动不止如旅客，故旅有旅行之义。

⑬旅而无所容：旅客行动而无所容身。巽：本指计算工具，此训为“入”，《巽》两巽相重，巽为风，风相随，风吹无所不入，故有“入”之义。兑：有欢悦之义，兑为口，故亦为“说”，通悦。

⑭涣：离散。《涣》下坎上巽，坎为水，巽为风，风行水上，将水冲散，故涣有“离”之义。离：散。节：节度。《节》卦下兑上坎，兑为泽，坎为水，泽上有水，其容量有限度，故节有节度之义。节而信之：节制而有诚信。中孚，中有孚信。《中孚》下兑上巽，巽为风，兑为泽，风令行于上，泽惠施于下，上下感应，有中孚之义。从爻画看，《中孚》上下二阳，中为二阴，内虚外实，心虚而有实，故为中孚。

⑮小过：小的经过。《小过》下艮上震，艮为山，震为雷，雷在山上，故有小过之象，从爻画看，《小过》上下各二阴，中间二阳，有二阴经过二阳之义。阴为小，故曰小过。此“过”不是过失而是经过。济：渡过，引申为成功。既济：指已成功。《既济》下离上坎，坎为水，离为火，水火相互交通，各得其用，故为“既济”之义。未济，未渡过，引申为未成功。《未济》与《既济》相反，为水火不相交，故有“未济”之义。

今译：

有天地然后才会有万物，有万物然后人分成男女，有男女然后才能匹配夫妇。有夫妇然后才产生父子关系。有父子关系然后才有君臣（之别），有君臣（之别）然后才有上下（等级名分），有上下（等级名分）然后礼仪才有所设置。夫妇之间的感情不可以不长久，故（《咸》之后）继之以《恒》。恒，长久。万物不可以长久居于一个地方，所以继之以《遯》。遯，隐退。万物不可以长久隐退，所以继之以《大壮》。万物不可以长久盛壮，所以继之以《晋》。晋,上进。上进必遭伤害,所以继之以《明夷》。夷,伤,在外遭受伤害必返回家内,所以继之以《家人》。家道穷困必定会发生乖异,所以继之以《睽》。睽,乖异。乖异必定带来险难,所以继之以《蹇》。蹇,险难。万物不可以始终有险难,所以继之以《解》。解,缓解。缓解必定会有所损失,所以继之以《损》。不停损失必将转向增益,所以继之以《益》。不断增益充盈必会决去,所以继之以《夬》。夬,决去。决去必定有所交遇,所以继之以《姤》。姤,交遇。万物相遇之后而相聚会,所以继之以《萃》。萃,聚会。聚会之后共同上进叫作升,所以继之以《升》。进升不停必定陷入困境,所以继之以《困》。穷困于上必定会返于下,所以继之以《井》。井水之道不可不变革,所以继之以《革》。变革诸物(化凉为热、化生为熟)莫过于鼎器,所以断之以《鼎》。主管鼎器(的人)莫过于长子,所以继之以《震》。震,动。事物不可能永久动,使它停止,所以继之以《艮》。艮,止。事物不可永久停止,所以继之以《渐》。渐,渐进。渐进要有所归宿,所以继之以《归妹》。能得到归宿的必定盛大(富有),所以继之以《丰》。丰,盛大。盛大穷极必定会失其居所,所以继之以《旅》。旅行而无处容身,所以继之以《巽》。巽,入。入而后(安定)欢悦,欢悦后(其情)扩散,所以继之以《涣》。涣,离散。万物不可以长久离散,所以继之以《节》。能节制而又有诚信,所以继之以《中孚》。有诚信必然行动,所以继之以《小过》。有超越事物能力者必能成功,所以继之以《既济》。事物永远不穷尽,所以继之以《未济》。(六十四卦在《未济》中)结束。

杂卦

乾刚坤柔,比乐师忧[①]。临观之义,或与或求。屯见而不失其居,蒙杂而著[②]。震,起也;艮,止也。损益,盛衰之始也。大畜,时也;无妄,灾也[③]。萃聚而升不来也,谦轻而豫怠也。噬嗑,食也;贲,无色也。兑见而巽伏也[④]。随,无故也;蛊,则饬也。剥,烂也;复,反也。晋,昼也;明夷,诛也[⑤]。井通而困相遇也。咸,速也;恒,久也。涣,离也;节,止也。解,缓也;蹇,难也。睽,外也;家人,内也。否泰,反其类也[⑥]。大壮则止,遯则退也。大有,众也;同人,亲也。革,去故也;鼎,取新也[⑦]。小过,过也;中孚,信也。丰,多故也;亲寡,旅也。离上而坎下也[⑧]。小畜,寡也;履,不处也。需,不进也;讼,不亲也。大过,颠也。姤,遇也,柔遇刚也。渐,女归待男行也[⑨]。颐,养正也,即济,定也。归妹,女之终也。未济,男之穷也。夬,决也。刚决柔也。君子道长,小人道忧也。[⑩]

注释:

①乾刚:《乾》卦六爻由纯阳组成,故曰乾刚。坤柔:《坤》卦六爻由纯阴组成,故曰坤柔。比乐:《比》有亲辅之义,故乐。师忧:《师》主军旅,动从行险,故忧。

②或与或求:或者为施予或者为营求。与,施予;求:营求。《临》二阳在四阴之下,有在上而临下之义,故曰“与”。《观》二阳在四阴之上,“大观在上”有下以仰观上之义,故曰“求”。屯见:《屯》为“物之始生”故曰“见”。见,现。不失其居:指各居其所。《屯》二阳皆当位,故曰“不失其居”。蒙杂:《蒙》二阳失位,阴阳杂居。“屯见而不失其居,蒙杂而著”当为《杂卦》作者以当时传授的象义解《屯》《蒙》二卦。“屯见”“蒙杂”以及“居”“著”究竟确义为何,先儒虽有种种解说,恐皆未得实。笔者在此虽参照先儒之说解之,但仍觉不妥,故言明以待来者。

③盛衰之始:《损》为减损《泰》下而增益其上,即《彖》所谓“损下益上”,

故为衰之始。泰为盛。《益》为减损《否》上增益其下,即《象》所谓“损上益下”,故为盛之始。否为衰。时:待时。古“时”“待”通。王引之云:“家大人(王念孙)曰:‘时:当读为待,经言:归妹愆期,迟归有时。故《传》申之曰:愆期之志,有待而行也’”大畜有畜养其德之义,故曰“时”。灾:《无妄》为大旱卦。《集解》引京氏注《无妄》卦:“大旱之年,万物皆死,无所复生。”故《象》称:“天命不祐。”故曰“灾”。

④不平:即《序卦》所谓“聚而上者谓之升”。《萃》卦三阴聚于下,《升》卦三阴在于上,故曰“不来”。到内日来,到外称往。不来,指不在内而在外。谦轻:《谦》卦有谦退之义,故曰轻。豫怠:《豫》卦有娱乐之义,故意。怠,和乐。一本作怡,怠、怡二字通。食:吃。噬嗑是指口中有物,故曰食。无色:即白色。《贲》离日在艮山下而无光,故曰“无色”。兑见而巽状:兑阴在上故曰“见”,巽阴在下故曰“伏”。

⑤无故:无事。《随《卦》有随时而安之义,即《象传》所谓“君子以向晦入宴息”。故为“无故”。饬:一本作“饰”,训为整治,《蛊》为有事之卦,《序卦》“蛊者,事也”,有事则需要修整,故曰“饬”。烂:熟烂。《剥》一阳被五阴剥落,像果熟烂被剥落一样,故曰“烂”。反:通“返”。《复》一阳复返于初,故曰“反”。昼:《晋》卦下坤为地,上离为日,日出地上,故为“昼”。诛:伤。《明夷》下离为日,上坤为地,日入地中,其光明受伤,故曰“诛”。

⑥井通而困相遇:井水本在下,而《井》卦水在木上,以承水而上,“井养而不穷”“往来不穷”故谓之“通”。而《困》相反,水在泽下,泽上无水而干涸,故曰“不通”,不通即是阻隔。速:神速。《咸》卦有感之义。“二气感应”,感而遂通,不行而至,故称“速”。离:《涣》感之义。“二气感应”,感而遂通,不行而至,故称“速”。离:《涣》卦有披离解散之象,故曰“离”。止:《节》卦有节止之义,故曰“止”。缓:《解》卦有解除、缓解之义,故曰“缓”。难:《蹇》卦坎险在前,艮见险而止于内,有难之义。外:《序卦》:“睽者,乖也。”《广雅·释诂》:“乖,离也。”有离家之义。又《睽》离女在外卦,有女离家在外之义,故曰“外”。内:《家人》离女在内卦,女在家内故曰“内”。反其类:《泰》《否》卦画相反,《否》反成《泰》《泰》反成《否》,其事类相反。

⑦大壮则止:《大壮》四阳进消阴,阳长过半将止,故“止”。遯则退:《遯》阴进消阳,阳势消退,故“遯则退”。众:《大有》六五之柔得尊位,上下

五阳皆应之,故曰众。亲:《同人》六二居中得位,众阳皆亲附,如《序卦》所称:"与人同者,物必归焉。"故曰"亲"。革去故:《革》卦有改革、更新之义,故曰"去故"。故,指旧有。鼎取新:《鼎》卦离火在上,巽木生之,有鼎烹饪之象,鼎烹饪待熟而取新。

⑧过:《小过》阴盛过阳,故为"过"。过,经过。《序卦》:"有其信者必行之,故受之以小过。"信:《中孚》取信发于中,孚有信之义。故曰"信"。多故;《丰》乃日食之卦,古人多以日食为不祥,故曰"多故"。故,事。亲寡:旅无所容身,故"亲寡"。明何楷《古周易订诂》引或曰:"'亲寡旅'当作'旅寡亲',于韵亦协。"清崔述等从之,并作了详细辩证,他说:"此传之文,皆先举卦名,而后释其义,不容此句独先释之,而后倒之卦之后,一也。上文云:'丰多故'正与此文之'旅寡亲'两两相对。而'亲寡'亦不如'寡亲'之文义明顺,二也。《大有》以下诸卦,皆真文韵,此句'亲'字正与上文'亲'、'新'、'信'三字相叶,三也。"(见《易卦图说》)我们认为此考极确,故当改"亲寡旅也"为"旅寡新也"。离上而坎下:离为火而炎上,坎为水而润下。

⑨寡:《小畜》一阴畜五阳,阳众阴寡,故曰"寡"。不处:不停止。履有践履之义,且《履》卦阳爻皆以不处其位为吉,故曰"不处"。不进:《需》上坎为险,险在前,而待时,《需·象》:"需,须也。"须为待,故"不进"。不亲:《讼》卦上乾为天,下坎为水,天水相违行,故"不亲"。颠:本义又指头顶引申为颠覆。《大过》下巽为木,上兑为泽,木顶被泽水淹没,故曰:"颠"。柔遇刚;《姤》卦一阴在下而上与五阳相遇,阴为柔,阳为刚。女归待男行:指女子出嫁等待男子迎亲。《渐》卦下艮为少男。上巽为长女,故有长女归待少男行之义。

⑩养正:《颐》下震为动,上艮为止,上静下动,人口吃物之象,故曰养正,如《象》所言:"颐'贞吉',养正则吉也。"定:成。《既济》六爻阴居阴位,阳居阳位,阴阳定位,故曰"定"。终:归宿。《归妹》上震为长男,为动,下兑为少女,为说,"说以动",少女嫁长男之象,女子出嫁为"终"。男之穷:《未济》三阳失正,阳穷极于上,故曰"男之穷",阳为男。刚决柔:《夬》卦五阳盛长,决去一阴,君子道长,小人道忧:《夬》卦阳刚盛长,阴柔消退即将被决去,阳象"君子",阴象"小人",故曰"君子道长,小人道忧"。

《杂卦》虽不依六十四卦之顺序,但两两为对解卦。前五十六卦皆然,独后八卦错乱。汉儒虞翻、晋儒干宝皆认为此为《杂卦》作者独心匠运、巧妙安排，故虞翻以互体释之。以“喻武王伐纣”。干宝以变通释之，“以示来圣后王，明道非常道，事非常事也”。然汉郑玄首先提出怀疑：“自此以下，卦意不协，以错乱失正。”（见孙氏《周易》集解））但他弗敢改耳。宋人苏轼、朱震、蔡渊等人加以改定，元吴澄、明何楷等从之。改定后的次序有两种：（一）颐，养正也；大过，颠也。姤，遇也，柔遇刚也；夬，决也，刚决柔也。君子道长，小人道忧也。渐，女归待男行也；归妹，女之终也。既济，定也；未济，男之穷也。此以苏轼为代表。（二）大过，颠也；颐，养正也。既济，定也；未济，男之穷也。归妹，女之终也；渐，女归待男行也。姤，遇也，柔遇刚也；夬，决也，刚决柔也，君子道长，小人道忧也。以蔡渊为代表。案音韵学，当以后者胜。

今译：

乾刚健，坤柔顺；比欢乐，师忧愁。临观的义旨，或是施予，或是索求。屯初生显现而不失其所居，蒙错杂而昭著。震，为起；艮，为止。损益是盛旺衰微的开始。大畜，待时；无妄，有灾。萃聚集而升不返回，谦轻己（尊人）而豫安乐亲逸。噬嗑，为食用；贲，为无色。兑喜悦外现，巽（进入）而隐伏。随，无事（休息）；蛊，（有事）则整治。剥，为剥烂；复，为返回。晋，白昼；明夷，（光明）受伤。井水通达而困则阻塞。咸，指感应神速；恒，乃恒定长久。涣，为离散；节，为节止。解：为缓解；蹇，为险难。睽，（乖异）而在外；家人，（和睦）而在内。否与泰，是两个相反的事类。大壮是壮而停止，遯则因时而隐退。大有，众多；同人，亲辅。革，去除故旧；鼎，取其新义。小过，为过往；中孚，为诚信。丰，多事；旅，少亲。离火炎上，坎水流下。小畜，积蓄得少；履，不停止。需，（待时）而不进；讼，（违背）而不亲。大过，为颠覆；姤，为交遇。阴柔与阳刚相交遇。渐，女子出嫁等待男人来迎亲。颐，养正。既济，乃成功。归妹，女子最终（的归宿）。未济，指男子穷困。夬，为决去，阳刚决去阴柔。（此象）君子之道盛长，而小人之道困忧。

系辞上[①]

(一)

天尊地卑,乾坤定矣。卑高以陈,贵贱位矣。[②]动静有常,刚柔断矣。[③]方以类聚,物以群分,吉凶生矣。在天成象,在地成形,变化见矣。[④]是故刚柔相摩,八卦相荡。鼓之以雷霆,润之以风雷。[⑤]日月运行,一寒一暑。乾道成男,坤道成女。[⑥]乾知大始,坤作成物。乾以易知,坤以简能。[⑦]易则易知,简则易从。易知则有亲,易从则有功。有亲则可久;有功则可大。可久则贤人之德,可大则贤人之业。易间而天下之理得矣。天下之理得,而成位乎其中矣。[⑧]

注释:

①系辞:系,有系属义。辞,本作辭,即词,有说义。系辞本义是系辞于卦爻之下。案《系辞》:"系辞焉以断吉凶。""系辞焉以尽其言。"即是其正。此处以"系辞"为名。乃指系在《周易》古经后面的文辞,为《十翼》之一。它是《周易》的通论:追述易之起源,推论易之作用,兼释卦义以补《彖》《象》《说卦》之不足,并言明占筮方法等。《系辞》分章,先儒多有不同:马融、荀爽、姚信等分上篇为十三章,虞翻分为十一章,周氏、孔颖达等分为十二章,陆德明分为七章,李心传分为十五章,王申子分为十六章。今从马融等分法,《系辞》下篇一般分为十二章。

②尊:高,贵。天阳气轻清在上,故曰尊。卑:下,贱。又作"埤",卑,埤通。地阴气浊重在下,故曰卑。定:谓定其方位。以:已。《国语·晋语》"吾以除之矣"即其证。陈:列。

③动静有常:此指天地自然而言,天运转不已,故曰动;地凝重不移,故

曰静。常:规律。天动地静之说,战国时代极为普遍。如《庄子·天道篇》:“其动也天,其静也地。”刚柔:刚谓奇画以象阳,柔谓耦画以象阴。断:分,判。

④方:先儒多解为方所、道、理、行虫动物类等,然以上诸说似皆不妥。通观此段文义,“方”在此应解作“事”。《象》之《复》“后不省方”句,王弼注:“方,事也。”即其证。象:天象,日月星辰。形:地形,山川草木。变化:天时变,故在天为“变”;变,熹平石经作“辩”,由成象到成形辨其化,可备一说。坤化成物,故在地为“化”。见:显现。

⑤刚柔相摩:乾刚坤柔之画相互摩荡而成八卦,即《说卦》所谓乾三阳坤三阴相互作用而生“六子”。摩:旋转。此指切摩。八卦相荡:八卦相互涤荡而运动。荡,又作“盪”。《释名》:“荡,盪也。”此有推移之义。鼓,通“郭”。《风俗通义·声音篇》:“鼓者,郭也,春分之音也,万物郭皮甲而也,故谓之‘鼓’”。所以鼓有“动”之义。霆:雷之余气。《谷梁传》:“云雷者何?霆也。”润,滋。

⑥乾道:即阳道。男:阳性事物,即《说卦》所谓“长男”“中男”“少男”。坤道:即阴道。女:阴性事物,即《说卦》所谓“长女”“中女”“少女”。

⑦知,先儒多训为“主”“为”。笔者管见,由《象》释《乾》称“万物资始”考之,此“知”就应解作“资”“资”“知”音近互假耳。作:一本作“化”。笔者以为,由上文“乾资大始”考之,此处“坤作成物”之“作”,当训为“为”,即化生。易:平直,无所难。马其昶云:“易者易直也。光体浑同虚空,普遍群物,故曰易。《尔雅》‘平、均、夷、弟,易也’。注云:皆谓易直,此可识易之训也”。案《系辞》:“夫乾,其静也专,其动也直,是以大生焉。”故马氏之说极是。简能:简约之能。先儒有谓作“简从”者,上下文“易则易知,简则易从、易知则有亲、易从则有功”考之,此解可备为一说。简,简约而不繁。

⑧易简:平易简约。成位乎其中:人得天地之理,位于天地之中。位,居位。

今译:

天尊贵(于上),地卑贱(于下),乾坤(由此)确定。卑下高上已经陈列,贵贱之位确立。(天地)动静有其常规,(阳)刚(阴)柔即可断定。万事以其类相聚,万物以其群相分,(这样)吉凶便产生了。在天形成象,在地生成形,

(因而)变化就显现了,所以刚柔相互切摩,八卦互相推移。以雷霆鼓动,以风雨滋润,日月运行,寒暑交替。乾道成就男性(事物),坤道成就女性(事物)。乾资主(万物)初始,坤化生成万物。乾以平直资主,坤以简约顺从。易,则是易资主;简,则是易顺从。平直资主则有亲附,简易顺从则有功效。有亲附则可长久,有功效则可广大。可长久才是贤人的德性,可广大才是贤人的事业。(因此)易简而天下之理可得,天下之理可得而成位于(天地)之中。

(二)

圣人设卦观象系辞焉而明吉凶,[①]刚柔相推而生变化。是故吉凶者,失得之象也;悔吝者,忧虞之象也;[②]变化者,进退之象也;刚柔者,昼夜之象也。[③]六爻之动,三极之道也。[④]是故君子所居而安者,易之序也;所乐而玩者,爻之辞也。[⑤]是故君子居则观其象而玩其辞,动则观其变而玩其占,是以"自天祐之,吉无不利。[⑥]

注释:

①卦:指六十四卦。象:卦象。系辞:于卦爻之后系属其文辞,在此句"吉凶"之后"虞本更有悔吝二字"(《释文》)。以上下文义考之,似当以虞说为是。

②吉凶:善恶。吉,善。凶,恶。悔吝:悔难。悔,恨。吝,通"遴",行难。虞,度。吉凶悔吝,为《易》之辞。失得犹虞,为人之事,故吉象得,凶象失,悔象忧,吝象虞。

③变化:指六爻之变化。亦即《系辞》所谓"变动不居,周流六虚,上下无常,刚柔相易""爻者,言乎变者也"。进退:由爻之变化而产生。阳动为进,阴动为退。刚柔:指阴阳二画,阳刚为"—",阴柔为"- -"。

④三极:三才,即天地人。八卦有三画,上画象天,下画像地,中画像人。六爻兼三才故初二为下像地,三四为中像人,五上为上像天。

⑤居:静处。安:依。序:次序。虞翻认为当作"象"。依据下文"君子居则观其象",故认为作"象"为胜。然案之《系辞》,"八卦成列,像在其中矣"。成例即《易》之序也。且"齐小大者存乎卦,辨吉凶者存乎辞,忧悔吝者存乎价,震无咎者存乎悔。……"此皆"易之序"也。玩:有玩味、玩习之义。《列子·黄帝篇》"吾与若玩其文也久矣"。张湛注:"玩,习也。"乐:一本作"变",案下文"动辄观其变""爻者言乎变者也",似从"变"为是。

⑥此引《大有》上九爻辞。祐:保佑。

今译:

圣人设置易卦,观察其象而系之文辞,以明示吉凶,(阳)刚(阴)柔相互推移而产生变化。所以(《易》辞)吉凶,为失得之象;悔吝,为忧虞之象。变化,为进退之象;(阳)刚(阴)柔,为昼夜之象。六爻的变动,含有(天地人)三才之道。所以闲居而依者,是卦的次序;喜乐而玩习者,是(卦)爻的文辞。因此君子闲居时则观察卦象,而玩味其文辞;行动时则观察卦爻的变化,而玩味其筮占。所以"自有上天保佑,吉祥而无不利"。

（三）

彖者，言乎象者也。爻者，言乎变者也。[①]吉凶者，言乎其失得也。悔吝者，言乎其小疵也。无咎者，善补过也。是故列贵贱者存乎位，齐小大者存乎卦，辩吉凶者存乎辞，忧悔吝者存乎介，震无咎者存乎悔。[②]是故，卦有小大，辞有险易。辞也者，各指其所之。[③]

注释：

①彖："材"，材通裁，故有裁断之义，此指彖辞。言：说明。象：指一卦之象。爻：指爻辞。变：指刚柔两画的变化。

②小疵：小瑕。列：分布。位：六爻之位。齐：正定。大小：指卦而言，阳卦大，阴卦小。辞：爻辞。介：微小。此指"悔吝"处"吉凶"之间细小界限。震：惊惧。

③险：凶恶。易：平易：此即善吉。之：适。

今译：

彖辞，是说明卦象的；爻辞，是说明（阴阳爻画）变化的；吉凶，是说明事务失得的；悔吝，是说明有小的过失。无咎，是说明善于补救过失。所以贵贱的分列，存在于所处的爻位；齐定其大小，存在于各卦之中；辨别吉凶，存在于卦爻辞中；忧虑悔吝，存在于（吉凶之间）细小的界限；戒惧而无咎，存在于能够悔改。因此卦有（阴阳）大小，辞有凶险平易，《易》辞，就各有所指向。

(四)

易与天地准,故能弥纶天地之道①。仰以观于天文,俯以察于地理,是故知幽明之故,原始反终,故知死生之说。②精气为物,游魂为变,是故知鬼神之情状。③与天地相似,故不违。知周乎万物而道济天下,故不过。旁行而不流,乐天知命,故不忧。安土敦乎仁,故能爱。④范围天地之化而不过,曲成万物而不遗,⑤通乎昼夜之道而知,故神无方而易无体⑥。

注释:

①易:《周易》所包含道理,即易理。准:等同、齐平。弥纶:包罗,遍论。弥,遍。纶,本指青丝绶。此通“论”。

②幽明:幽暗光明。原始反终:由事物开始返归到事物的终结。原,推究。反,一本作“及”,此训为“返”。

③精气为物:阴阳精灵之气聚则物成其形。精气,指阴阳精灵之气。游魂为变:气之游散而物变其故。游魂,气之游散。阳气曰魂,以上下文思之,精气指神,游魂指鬼。鬼神:阴阳之气屈伸变化。鬼:归,即气之屈而归,物终气归曰鬼。神:伸,即气之伸而至,物生气伸曰神。

④违:违背。济,助。旁,徧。《广雅》:“旁,广也,大也。”《周礼·春官·男巫》:“旁招以茅。”贾公彦疏:“旁,谓四方。”王引之曰:“谓徧招于四方也。”流:《释文》“京作留”。乐天:顺行天道。知命:知性命之理。安土:安居坤土。敦:笃厚。仁,爱。《墨子·经说下》:“仁,仁爱也。”

⑤范围:包括,法周。范,铸金之范,引申为法:围,匡郭,周围,“范围”,今人黄沛荣解作笼罩,其说甚是。不过:汉儒释此为乾坤消息法周天地变化而不过于十二辰。然由上下文思之。此“不过”恐指“在天成象,在地成形,变化见矣”,因无其他证据,故此仍依汉人之说。曲:本义为器受物之形。成:当为盛。曲成,即受盛。不遗:不遗失细微。

⑥昼夜之道:指阴阳刚柔之道。《系辞》:“刚柔者。昼夜之象。”方:处所。体,固定形体。

今译：

《易》道与天地等同，所以能包罗天地之道，仰首以观看天文，俯首以察看地理，所以知晓幽明变化的缘故。由事物开始返归到事物终结，因而知晓死生的学说。精气聚合而生成物形，游魂（气散）导致（物形）变化。因此可知鬼神的情状。（易）与天地相似，所以不违背（天地的规律）。知道周围万物而以其道成就天下，所以不会有过失。遍行而不停留，顺应天道，知晓性命之理，因而不会忧愁。安居坤土，敦厚而施仁德，故能够爱民。笼罩天地变化而不超过（十二辰），承盛万物而不遗失（细微），通达昼夜变化之道而极其睿智，故（阴阳）神妙变化无一定处所，而易道亦无固定的形体。

（五）

一阴一阳之谓道。继之道，善也；成之者，性也。[①]仁者见之谓之仁，知者见之谓之知。百姓日用而不知，故君子这道鲜矣。显诸仁，藏诸用，鼓万物而不与圣人同忧，盛德大业至矣哉。[②]富有之谓大业，日新之谓盛德。生生之谓易，成象之谓乾，效法之谓坤。[③]极数知来之谓占，通变之谓事，阴阳不测之谓神。[④]

注释：

①继：秉受，继续。成：生成，成就。性：天性、本性。朱熹曰："所以发育万物为继'善'，万物各正其性命为'成'性。"（《语类》）

②知，智。鲜，少。显，显现。诸，之于。用，功用。鼓，动（解见上"鼓之以雷霆"注）。至，极。

③富有：无所不备。日新：变化不息，日日增新。生生：阴阳相互变化而不穷。成象：生成天象。效法：效地之形。法即形。项安世曰："古语'法'皆谓'形'，《系辞》皆以'形'对'象'。"

④极数：穷极蓍策之数。占，筮占。通变：即变通，指变化而通达、趋时而利。阴阳不测：阴阳变化迅速微妙而不可测度。

今译：

一阴一阳（互变）叫作道，秉受（其道）的，为善；顺成（其道）的，为性。仁者看见（道）的仁便称道为仁，智者看见（道）的智便称道为智。百姓日用（其道）却不知道。所以君子之道已很少见了。显现道的仁德（于外），潜藏道的功用（于内），鼓动万物（生长）而不去与圣人同忧虑，（造就万物）盛德大业（完备）至极呀！富有叫作大业，日新叫作盛德。（阴阳变化）生生不已叫作易，成（天）象为乾，效（地）形为坤，穷极蓍策之数预知未来叫作占，通达变化的叫作事，阴阳（变化）不可测度叫作神。

(六)

夫易广矣大矣,以言乎远则不御,以言乎迩则静而正,以言乎天地之间则备矣。[①]夫乾,其静也专,其动也直,是以大生焉。夫坤,其静也翕,其动也辟,是以广生焉。[②]广大配天地,变通配四时,阴阳之义配日月。易简之善配至德。[③]

注释:

①广:宽广。坤为广。大:盛大。乾为大。御:止。迩:近。正:定。

②专:此当训为"圜"。《说卦》"乾为圜"即其证。直:刚直。翕:闭合。辟:开。

③配:匹配。变通:变化通达。易简:指"易则易知,简则易从",即易知易从谓易简。至:大。

今译:

这易道宽广呵,盛大呵!要说它远,则无所穷止,要说它近,则宁静而方正,要说天地之间则(万物)具备。这乾,静止时圆圜,运动时刚直。所以大资(万物初始)。所以广生(万物)。这坤,静止时闭合,运动时开辟,(易道)广(生)大(生)与天地相配合,变化通达与四时相配合,阴阳之义可以与日月相配合,是易道简约的善性与至大的德性相配合。

（七）

子曰：[①]“易，其至矣乎。夫易圣人所以崇德而广业也。知崇礼卑，[②]崇效天，卑法地，天地设位，而易行乎其中矣。成性存存，道义之门”[③]

注释：

①子曰：《系辞》《文言》所谓“子曰”，乃指孔子，然“子曰”所引是否真为孔子言论，已无从考证。

②知，即智。礼，礼仪。一本作“体”“礼”“体”相通。

③存存：常在。《尔雅·释训》：“存存，在也。”阮元曰：“存存，在也。如孟子说‘存其心，养其性也’”。道：所由之路，乾阳为道。义：所处之宜，坤阴为宜。

今译：

孔子说：“易，其道至极！易道，圣人用之增崇其德而广大其业。智慧崇高礼仪谦卑，崇高效法天，卑下效法地。天地设定位置，而易道运行于其中。成物之性常存，（阴阳）道义之门。

（八）

圣人有以见下之赜，而拟诸其形容，象其物宜，是故谓之象。[①]圣人有以见天下之动，而观其会通，以行其典礼。[②]系辞焉以断其吉凶，是故谓之爻。言天下之至赜而不可恶也，言天下之至动而不可乱也。拟之而后言，议之而后动，拟议以成其变化。[③]"鸣鹤在阴，其子和之。我有好爵，吾与尔靡之。"[④]子曰："君子居其室，出其言善，则千里之外应之，况其迩者乎！居其室，出其言不善，则千里之外违之，况其迩者乎！言出乎身，加乎民。行发乎迩，见乎远。言行，君子之枢机。枢机之发，荣辱之主也。言行，君子之所以动天地也，可不慎乎？"[⑤]"同人先号咷而后笑。"[⑥]子曰："君子之道，或出或处，或默或语，二人同心，其利断金。同心之言，其臭如兰。"[⑦]

注释：

①赜：古本作"啧"，本义是指口里说话杂乱。此指事务繁杂。拟：比拟，模仿。诸：之于。形：形态，形状。容：容貌。宜：相称，适宜。

②会通：会合交通。典礼：一本作"等礼"。此指典章礼仪。

③恶：厌恶。一本作"亚"，古者恶、亚二字通。先儒有训"亚"为次第者，亦可备为一说。议：一本作"仪"，通观上下文义，"仪"与"拟"对举，当作"仪"为是。仪，仿效。

④此引《中孚》九二爻辞。其意为：母鹤在树阴下鸣叫，其子应声而和。（若）我有美酒，我愿与你共同分享。阴，通荫。和，应和。爵：古代饮酒器，此指酒。靡：系恋，分享。

⑤此释《中孚》九二爻辞，君子居其室：九二居内卦，以象君子居其家室，九二为阳爻，故为君子。言：言语。九二居《中孚》下兑之中，故曰言。枢：户枢，即门轴。机：弩机。

⑥此引《同人》九五爻辞。其意为：与人同志，先哭后笑。同人：即同仁。号咷：啼哭。

⑦此释《同人》九五爻辞。默：不语。利：锐利。臭：通嗅，即气味。

今译：

圣人因见天下事物繁杂，从而比拟其形状容貌，象征其事物所宜，所以就叫作卦象。圣人因见天下事物的变动，从而观察其会合与交通，以推动其典章礼仪，并附之文辞以断其吉凶，所以就叫作爻。述说天下事物至为繁杂而不会厌恶，指出天下事物变动至极而不会杂乱。比拟后发表言论，仿效后而行动，通过比拟仿效以成就其变化。“鹤鸣于树阴，其子和而应之，我有好酒，我与你共享。”孔子说：“君子居于室，口出善言，千里之外的人都响应，况且近处呢！君子居于室，口出不善言，千里之外的人都违抗，况且近处呢！言语出于身，影响于民，行动发生在近处，而显现于远处。言行，这是君子的门枢和弩机。枢机在发动时，主宰着荣辱（的变化）。言行，君子是可以用它来惊动天地的，怎可不慎重呢？”“与人同志，先号哭而后笑。”孔子说：“君子之道，或出行或居处，或沉默或言语，二人同心，其力量可以断金。同心的言语，气味相投香如兰草。”

（九）

初六，“藉用白茅，无咎。”[①]子曰：“苟错诸地而可矣。藉之用茅，何咎之有？慎之至也。夫茅之为物薄，而用可重也，慎斯术以往，其无所失矣”。[②]“劳谦君子有终，吉。”[③]子曰：“劳而不伐，有功而不德，厚之至也，语以其功下人者也。德言盛，礼言恭，谦也者，致恭以存其位者也。”[④]“亢龙有悔。”[⑤]子曰：“贵而无位，高而无民，贤人在下位而无辅，是以动而有悔也。”[⑥]“不出户庭，无咎。”[⑦]子曰：“乱之所生也，则言语以为阶，君子密则失臣，臣不密则失身，几事不密则害成，是以君子慎密而不出也。”[⑧]子曰：“作易者，其知盗乎！易曰：‘负且乘，致寇至。’负也者，小人之事也。乘也者，君子之器也。小人而乘君子之器，盗思夺之矣。上慢下暴，盗思伐之矣，慢藏诲盗，冶容诲淫。《易》曰：‘负且乘，致寇至。’盗之招也。”

注释：

①此引《大过》初六爻辞，其意为：用白茅铺地（摆设祭品）无咎。藉：铺垫。茅：茅草。

②此释《大过》初六爻辞。苟，助词。王引之曰：“苟，犹旦也。”错：措。有放置之义。慎：谨慎。薄：犹轻，斯：此。术：道。“慎斯术”，一本作“顺斯术”，有训“慎”为遵循者，可备一说。

③引《谦》九三爻辞，其意为：有功劳而又谦虚，君子则有好的结果，吉利。

④此释《谦》九三爻辞。伐：夸。德：得。《管子·心术上》：“故德者，得也。”厚：笃厚。功下人：有功劳而卑下于人。致：推致。

⑤引《乾》卦上九爻辞。亢，穷极。

⑥此释《乾》上九爻辞。贵而无位：《乾》上九之阳处上为贵，上九穷极失位故无位。高而无民；上九居卦上故曰高，六爻皆无阴，故无民。

⑦引《节》初九爻辞。

⑧此释《节》初九爻辞。阶：《释文》：“姚本作机”，考《涣》卦九二爻：“涣

奔其机。”帛书《易经》作“阶”,故阶机互通。此处应解为契机。密:隐秘。几事:几微之事。

⑨此释《解》六三爻辞。乘:古时指车辆。引申为乘坐。小人乘君子之器:小人乘坐君子的交通器具。小人,古代统治者对下层人民的蔑称,后指不正派或见闻浅薄之人。君子,指有德才之人。从卦象看,阳为君子,阴为小人,《解》六三以阴居阳位,故有“小人乘君子之器”之象。慢:骄慢。诲:教。冶:郑、陆、虞、姚、王肃作“野”,《太平广记》引作“蛊”“野”“冶”皆“蛊”之假借。(详见李富孙的《易经异文释》)。郑玄曰:“饰其容而见于外曰野。”(《后汉书》注)

今译:

初六:“用白色茅草铺地(摆设祭品),无灾。”孔子说“(祭品)直接放在地上就可以了,再用茅草铺垫(以示其敬),还能有什么灾呢?已经是非常慎重了,茅草作为物虽然很轻薄,但作用重大,能谨慎地用这套礼术行事,就不会有所失了。”“有功劳而谦虚,君子有好的结局,吉利。”孔子说:“有功劳而不夸耀,有功绩而不贪得,太厚道了。所说的是有功劳而能礼下于人。德讲究要盛大,礼讲究要恭敬,所谓谦,就是以恭敬而保存其禄位呵!”“龙飞过高处则有悔。”孔子说:“尊贵而无实际的职位,高高在上而失去民众,贤人在下位而无所辅助,所以一行动就有悔。”“不出门户庭院,无咎灾。”孔子说:“祸乱的产生,是以言语为契机。国君(说话)不机密而失掉大臣,大臣(说话)不机密则有杀身之祸。机微这事不保密则妨害事情的成功,所以君子谨重守机密而不轻易出言。”孔子说:“作《易》的人,大概很了解盗寇吧!《易》说:‘以肩负物而又乘车,以至招来盗寇来打劫。’以肩负物,这是小人做的事情;车乘,是君子(使用的)器具,小人乘坐君子的器具,所以盗寇想来抢夺他,对上骄慢而对下暴虐,盗寇想来讨伐,懒于收藏财富是教盗寇来抢,打扮妖艳是引诱盗寇来奸淫。《易》说:‘以肩负物而又乘车,招致了盗寇’(说的是)自己招来盗寇。”

(十)

天一,地二;天三,地四;天五,地六;天七,地八;天九,地十[①]。天数五,地数五,五位相得而各有合。天数二十有五,地数三十,凡天地之数五十有五。此所以成变化而行鬼神也[②]。大衍之数五十[③],其用四十有九[④]。分而为二以象两[⑤],挂一以象三[⑥],揲之以四以象四时[⑦],归奇于扐以象闰[⑧],五岁再闰[⑨],故再扐而后挂[⑩]。乾之策二百一十有六,坤之策百四十有四,凡三百有六十,当期之日[⑪]。二篇之策,万有一千五百二十,当万物之数也[⑫]。是故四营而成易,十有八变而成卦[⑬]。八卦而小成,引而伸之,触类而长之,天下之能事毕矣[⑭]。显道神德行,是故可与酬酢,可与祐神矣[⑮]。子曰:"知变化之道者,其知神之所为乎?"[⑯]

注释:

①案唐·李鼎祚《周易集解》及清·阮元刻《十三经注疏》本,此节在十一章之首)即在"夫易,何为者也"之上)。自"天数五"至"行鬼神也"一节在"故再扐而后挂"之下。宋代张载、程颐、朱熹疑为错简。认为此两节相连当在"大衍之数"之上。元人吴澄、明人来知德、清人李光等人皆从之。案汉熹平石经本,自"天一"至"行鬼神也"在"故再扐而后挂"之下,《汉书·律历志》与卫元嵩《元包著篇》皆同熹平石经,故当以汉熹平石经本为是。然案上下文义,程朱之顺序较胜,故今从之。此章列"一"至"十"自然数,旨在说明筮法中所演五十之数是以这天地之数为根据的。

②进一步阐述天地之数与大衍之数关系。五位:先儒多解:(一)指天地之数各有五位数。(二)五个方位,一六居北,二七居南,三八居东,四九居西,五十居中。(三)五行之位,一六合为水位,二七合为火位,三八合为木位,四九合为金位,五十合为土位。通观文义,当以第一种为胜。相得:相加。合:即和。变化:指蓍数变化。鬼神:气之屈伸往来。鬼,归。神,伸。故"行鬼神",是指数能贯通天地鬼神,即易通鬼神而能行鬼神。

③衍:演。即演算。五十:先儒多解:(一)朱熹认为,以河图中宫天五乘

地十而得之。(二)荀爽认为卦各有六爻,又有八经卦 $6 \times 8 = 48$,乾坤又有二用,故 $48 + 2 = 50$。(三)京房等认为,五十者谓十日十二辰二十八宿也。$10 + 12 + 28 = 50$。(四)郑玄认为,天地之数五十有五,以五行气通,故减五为五十。(五)崔憬认为,天地之数配八卦,八卦之数为五十,3(艮)+5(坎)+7(震)+9(乾)+2(兑)+10(离)+8(巽)+6(坤)=50。(六)《汉书·律历志》认为,五十数由元始象一,与春秋二,三统之三,四时之四,相加得十,再与此五体相乘而得 $(1 + 2 + 3 + 4) \times 5 = 50$。笔者认为,大衍之数只用(五十)。除了先儒之说,还可以补充如下:①天地生成之数止于五十,生数止于五,成数止于十。(2)蓍草生一本长百茎分为五十。《史记》:"闻蓍生满百茎者,其下必有神龟守之。"

④其用四十有九:五十根蓍草,只用四十九根,其中一根不用,以象太极,也有说四十九根象太极者,前者为胜。

⑤两:两仪。指天地或阴阳。此是说把四十九策分为二,象征太极生两仪。

⑥挂一以象三:依宋人说从右手蓍策中任取一根置于左手无名指与小指之间,象征"三才"。挂一。从右手蓍策中任取一根。"一",象征三才中人。三,三才。

⑦揲:取,数。此是说将左右手之策以四根为一组而数之,象征有"四时"。

⑧奇:余,在分完左右手之后,每只手中策数必有余数。或一、或二,或三,或四。此就是奇。扐:勒。将蓍草勒于指间。译文中蓍草之"挂"法与"扐"法皆据宋人这说。闰:闰月。

⑨五岁:五年。一挂两揲两扐为五,故为"五岁"。再:两。此句是说一变之中,有两次归奇于扐,故像两次闰月在五年之中。

⑩挂:一本作(卦),二者通,此指布卦之一爻。

⑪策:古人称蓍草根数为"策",一根蓍草为一策。《乾》卦六爻,每一爻经十八变之后,皆得 36 策,故六爻之策为:$36 \times 6 = 216$(策)。同样《坤》六爻,每一爻经十八变皆得24 策,故六爻之策为 $24 \times 6 = 144$,《乾》《坤》两卦策数相加,即:$216 + 144 = 360$,360 正与一年三百六十天数相当,故曰"当期之日"。

⑫二篇之策:指《周易》共上下两篇,六十四卦,三百八十四爻所有的策

数。其中阳爻为一百九十二,阴爻为一百九十二。若阳爻为老阳,阴爻为老阴,则:36 ×192 =691224 ×192 =4608 所以:4608 +6912 =11520(策)若阳爻为少阳,阴爻为少阴,则:32 ×192 =614428 ×192 =5376 所以:6144 +5376 =11520(策)故“二篇之策,万有一千五百二十”。《系辞》作者认为“二篇策数”正与万物之数相当。

⑬四营:四求。指一爻生成须经过四次演算才得出:(一)分二,(二)挂一,(三)揲四,(四)归奇于扐,共为“四营”。十有八变而成卦:四营称“一变”,三变成一爻,《周易》一卦六爻,故 6 ×3 变 =18 变。

⑭小成:先儒多解,有曰八卦虽有三画以象三才,但未尽万物之情理,故曰小成,有曰此八卦指经卦而言,十有八变方成一卦,九变出一经卦,只是一半,故曰“小成”。以上下文义观之,以第二说为是。申:一本作“信”,二者相通。触:动,逢。毕:尽。

⑮显:明。道:易道。德行:品德行为。与:参。酬酢:古代一种宾主饮酒之礼。古代饮酒,主人酌宾为献,宾酌主人为酢。主人饮之,又酌宾为酬。先举为酢,答报为酬。此象阳唱阴合,变化相配,阳往为酬,阴来为酢。祐:助。

⑯荀爽、马融、王弼等人皆将此句放在第十章首,李鼎祚据虞翻而放在九章之末,朱熹等人从之,通观上下文,放在第九章末为妥。

今译:

天数一,地数二;天数三,地数四;天数五,地数六;天数七,地数八;天数九,地数十。天数五位,地数五位,天地之数五位各自相加而有和。天数和为二十五,地数和为三十。天地之数总和为五十五。此所以生成(蓍数)变化,而通行天地鬼神的原因。(借用蓍草)演算天地之数是五十,实际用四十九(根),(将这四十九根蓍草)一分为二,以象两仪。(从右手蓍策中)任取一根(置于左手小指间),以象(天地人)三才。(左右手之策)以四为一组数之象征四时。归置(左右手所余之数)于手指之间以象余日而成闰月。五年中有两次闰月,所以再一次归余策于手指间,而后经三变而成卦(一爻)。《乾》卦策数为二百一十六,《坤》的策数为一百四十四,(《乾》《坤》策数)共为三百六十,正好与一年三百六十天数相当。(《周易》)上下两篇册数为一万一千五百二十,正好与万物之数相当。所以经过四道程序的经营而成

《易》卦一爻，十八次变化而成一卦，(九次变化出)八经卦为小成，再引申其义，触动类推而增长，天下所能之事皆无所遗了！显明易道，神化德行。所以如行宾主饮酒应对之礼，可以佑助神化之功。孔子说："通晓阴阳变化之道的，恐怕一定知道'神'的功用吧！"

（十一）

《易》有圣人之道四焉：以言者尚其辞，以动者尚其变，以制器者尚其象，以卜筮者尚其占①。是以君子将有为也，将有行也，问焉而以言②，其受命也如响，无有远近幽深，遂知来物，非天下之至精，其孰能与于此③。参伍以变，错综其数④，通其变，遂成天下之文；极其数，遂定天下之象⑤。非天下之至变，其孰能与于此？《易》无思也，无为也，寂然不动，感而遂通天下之故。非天下之至神，其孰能与于此⑥？夫《易》，圣人之所以极深而研几也。唯深也，故能通天下之志；唯几也，故能成天下之务；唯神也，故不疾而速，不行而至⑦。子曰"《易》有圣人之道四焉"者，此之谓也。

注释：

①以：用。尚：取，主。辞：指卦爻辞。变：爻变。象：卦象。卜筮：龟卜蓍占。占：占问预测。

②为：作为。古人多指建立诸侯国。行：行动。多指行师出征。吴澄曰："有为谓作内事，有行谓作外事。"可备一说。问：以上下文义思之，"问"显然指求问于《易》。言：言其吉凶。

③命：命蓍命龟之语，即占问前对蓍龟所问的话。响：一本作"向"，二字古通，此指响之应声。远近：就天地而言，天远地近。幽：隐暗。深：深奥。物，事。精：精细微妙。孰，谁。与：参与。

④参伍以变，错综其数：古人众说纷纭，有谓参伍即三五行者，有谓参五十五，七八为彖，其数十五，九六为爻，其数亦十五者，有谓三五以相参合以相改变者。《淮南子·泰族训》并针对"参伍"专门作了论述："何谓参五？仰取象于天，俯取度于地，中取法于人，……此之谓叁；制君臣之义，父子之亲，夫妇之辨，长幼之序，朋友之际，此之谓五。"凡此种种，恐皆后人附会曲解之辞，与"参伍"本义未必相符。案《周易本义》曰："参者，三数之也；伍者，五数之也。既参以变，又伍以变，一先一后，更相考覈，以审其多寡之实

也。错者,交而互之,一左一右之谓也;综者总而挈之,一低一昂之谓也,此亦皆谓揲蓍求卦之事。"又曰:"'参伍'、'错综'皆古语,而'参伍'尤难晓。按《荀子》云'窥敌制变,欲伍以参'。《韩非》曰:'省同异之之言,以知朋党之分,偶参伍之验,以责陈言之实。'又曰:'参之以比物,伍之以合参。'《史记》曰'必参而伍之',又曰'参伍不失'。《汉书》曰:'参伍其贯,以类相准,此足以相发明也。"《周易本义》在此承认"'参伍'尤难晓",不强行曲解,殊为可贵,同时也提出一些很有价值的想法。如"错者,交而互之,一左一右之谓也;综者,总而挈之,一低一昂之事也,此亦皆谓揲蓍求卦之事"。点出了"参伍"的实质。笔者陋见,此"参伍"之数,与"参天两地"之数一样,皆古人论天地之数以定"揲蓍求卦之事"。《系辞》中有一段文字对于提示此点,提供了重要线索:"道有变动,故曰爻,爻有等,故曰物,物相杂,故曰文"。由此而思之,恐"参"即《系辞》"六爻之动,三极之道也""六者非它,三材之道也"得"三";而"伍",应是《系辞》"天数五,地数五,五位相得而各有和",体现了"凡天地之数五十有五,此所以成变化而行鬼神也"之"五"。故"参伍以变,错综其数",即蓍筮时得卦变,亦"道有变动,故曰爻";而"通其变,遂成天下之文",即"爻其等,故曰物,物相杂,故曰文"也,亦《彖》之《贲》:"刚柔交错,天文也。"故"参"乃三材之"三",而"伍"乃天地之数各有五之"五",此亦与《周易本文》所引之"参之以比物,伍之以合三"说正符。故笔者不揣卑陋,试述"参伍"管见如上,尚祈方家正之。

⑤通其变:通达蓍变。遂:就。文:物相杂故曰文,即一卦六爻刚柔相参杂以成文彩。极:推究。象:卦象。卦象象征了天下万物,故"遂定天下之象"。

⑥此句言尚占之事。"无思""无为""寂然不动",是就卦爻而言。"感而遂通",就行蓍而言,如下章所言"蓍之德圆而神,卦之德方以知"。寂:静。感:触动。故:事。

⑦研几:研尽其几微。几,一本作"机",训几为微。志,心志。疾,急。

今译:

《周易》包含有圣人之道四条:用以讲说的崇尚卦爻辞,用以指导行动的崇尚卦变,用以制造器物的崇尚卦爻之象,用以卜筮预测的崇尚占问,所以君子将要有所作为,要有所行动,求问于(《易》)后才知道(吉凶)。蓍受人之命(答疑)如应声之响,不管远近幽深,皆知未来的事物(变化)。不是天下万物的至极精微,其何以能至于此?叁(材)五(位)的变化,错综蓍数(而成卦)。通达其变化,就可以成就天下万物的文采,极尽其蓍数,就可定天下万物之象,若不是天下万物的至极变化,谁能达到此种地步?《易》无思无为,寂然不动,感悟而能通晓天下之事。若不是天下事物变化至极神妙,谁能至于此种地步?《易》这套道理,乃是圣人之所以穷极其深奥,研尽其机微所在,因为深奥,所以能通晓天下的心志;因为几微,所以能确定天下的事物;因为神妙,所以它不急却极其迅速,不必行动而已经到达。孔子说:"《周易》中含圣人之道四条,就是这个意思。"

(十二)

子曰:“夫《易》何为者也?[1]夫《易》开物成务,冒天下之道,如斯而已者也。”是故圣人以通天下之志,以定天下之业,以断天下之疑。是故蓍之德圆而神,卦之德方以知,六爻之义易以贡[2]。圣人以此洗心,退藏于密,吉凶与民同患。神以知来,知以藏往,其孰能与于此哉!古之聪明睿知、神武而不杀者夫[3]!是以明于天之道,而察于民之故,是兴神物以前民用。圣人以此斋戒,以神明其德夫[4]。是故阖户谓之坤,辟户谓之乾。一阖一辟谓之变,往来不穷谓之通,见乃谓之象,形乃谓之器,制而用之谓之法,利用出入,民咸用之谓之神。[5]

注释:

①何为:即为何《周易集解》虞翻作“何为而作也”。开物:揭开事物。成务:成就事务。冒:覆。即包括。斯:此。

②蓍之德:行蓍的所得。圆而神:即圆神能,古“而”“能”二字互通。此指效法了天的圆,故能神奇变化。方以知:方,本指为地之性质,即方正。此指卦效法了地,具有地之性质。知,智慧。贡:告示。

③洗心:先儒多解“先心”。然帛书《易》作“佚心”。先儒训“洗”为涤除,洗濯,然由下文“退藏于密”思之,当依帛《易》为是。“佚”是佚乐其心、无所作为之义。密:静。神武而不杀:武艺至于神而不假杀伐以服人。杀,杀伐,有读为衰者,古“杀”“衰”通。

④故:事。兴:举。神物;蓍龟。前民用:先于民而用神。前:先,又说导。斋戒:一本作“齐戒”。湛然纯一之谓斋,肃然警惕之谓戒,斋戒,指古代祭祀前沐浴更衣,不饮酒,不吃荤,不同房,以洁身心。

⑤阖户:关门。阖,闭。辟户:开门。辟,开。此用“阖户”“辟户”以喻阴阳。乾为阳,坤为阴。一阖一辟:本指门户白昼开,黑夜闭,此象阴阳交替变化,与“一阴一阳”同义。见:现。形:成形。制:制裁。法:法度。咸;皆。

今译:

孔子说:“这《周易》为何而作?这《周易》揭示事物(本质)而成就事业,概括天下事物的规律,如此而已。所以圣人可以通达天下人的心志,完成天下大业,决断天下的疑惑。因此蓍占的所得在于(效法天)圆故能神妙,易卦的所得在于(效法地)方故能隐藏智慧,六爻之义在于以其变化而告(吉凶)。圣人以此自娱其心,退藏于隐秘之处,吉凶与庶民共济,其神妙可以预知未来,其智慧可以蕴藏过去。谁能达到如此地步?(只有古代)聪明智慧武功至神而又不假杀伐的人(才能做到)。所以明了天道而察访民事,因而兴创神物(占筮)而先于民用之。圣人以此斋戒身心,以神化明示他的品德。所以闭户叫作坤,开户叫作乾,一闭一开叫作变,往来不穷叫作通。现的为象,取其形的就是器,裁制而用的叫作法,利用(门户)出入,民众都用的叫作神。

(十三)

是故易有太极,[①]是生两仪,两仪生四象,四象生八卦,八卦定吉凶,吉凶生大业。[②]是故法象莫大乎天地,变通莫大乎四时,县象著明莫大乎日月,崇高莫大乎富贵。备物致用,立成器,以为天下利,莫大乎圣人。探赜索隐,钩深致远,以定天下吉凶。成天下之亹者,莫大乎蓍龟。[③]是故天生神物,圣人则之;天地变化,圣人效之;天垂象,见吉凶,圣人象之;河出图,洛出书,圣人则之。[④]《易》有四象,所以示也;系辞焉,所以告也;定之以吉凶所以断也。《易》曰:"自天祐之,吉无不利。"子曰:"祐者,助也。天之所助者,顺也;人之所助者,信也。履信思乎顺,又以尚贤也,是以自天祐之,吉无不利也"[⑤]

注释:

①太极:先儒众说不一:虞翻译为"太一":"太极,太一也。"(《周易集解》)马融释为"北辰":"太极,北辰也。"(《经典释文》)郑玄释为"道":"极中之道,淳和未分之气。"(《文选》注)王弼释为"无":"太极者,无称之称,不可得而名,取有之所极,况之太极者也。"(《周易注》)孔颖达释为"气一":"太极谓天地未分之前元气混而为一,即是太初太一也。故《老子》云'道生一'即此太极是也。"(《周易正义》)朱熹释为"理":"太极者,其理也。"(《周易本义》)邵雍释为"无为之本":"太极,何物也? 曰无为之本也。"(《周易折中》引)郑维嶽释为"乾":"乾者,一而已;一者,太极也。"(同上)徐在汉释为"乾坤":"同一,乾坤也。以其一神则谓之太极,以其两化则谓之两仪。"(同上)崔憬、朱震、毛奇龄、胡渭等人皆认为太极是就筮法而言,蓍策未分、奇耦未形即是太极。(见《汉上易传》《仲氏易》《易图明辨》)案闽监毛本、石经本、岳本"太"皆作"大",故太、大通,太即大。极,《说文》训为"栋",《逸雅》训"栋"为"中",即指居屋之中,而《广雅释诂》云"极,至也""极,高也",此"至""高"皆缘"栋"而生,故"太极"有高大而中和之义。极大曰"太",中而未分曰"一":故"太极"又称"太一"。而"太一"古人多指"太一"星,《史记·天官书》:"中宫天极星,其一明者,太一常居也。"太一又称北辰,《易纬

乾凿度》云:“故太一取其数以行九宫,四正四维皆合于十五。”郑玄注:“太一者,北辰之神名也,居其所曰太一。”太一,北辰即指北极星,《尔雅》:“北极谓之北辰。”案《文耀钩》:“中宫大帝,其精北极星,含元出气,流精生一也。”故知太一(或北极)为含元生气之本。因而“太极”在古代又常常被解释为无所不包、浑沦未判的宇宙本原,《庄子》“道在太极之先”之“太极”即是此意。

②两仪、四象:先儒有不同解释,然由“易与天地准”及“法象莫大乎天地,变通莫大乎四时”考之,还以解“两仪”为阴阳,“四象”为七八九六为妥。八卦:乾、坤、震、巽、坎、离、艮、兑。从“是故易有太极”到“吉凶生大业”一节,历来多从宇宙产生角度或从画卦角度理解。笔者认为,此节当言筮法。(一)此节有“易”“八卦定吉凶”等字眼,显然乃就《周易》筮法而言,仅从宇宙本原来理解是不妥的。(二)此节多用“生”字,《系辞》凡言“生”,如“生变化”“生吉凶”“生情伪”“生利害”及“生生之谓易”皆是筮卦,非画卦,凡论画卦不用生,而用“作”,如“始作八卦”“作易者,其有忧患乎?”(三)此节与“大衍章”相合。

③法,指地。象,指天。《系辞》:“成象之谓乾,效法之谓坤。”变通:四时推移终而复始,变而通达。县,即悬。崇,充实。立成器:创立成就器物。探赜索隐:探讨事物之繁杂,求索事物之几微。索,求寻。隐,几微。钩深致远:钩取深奥推至远大。钩,曲而取之。致,推致。成即盛,作容纳解。然由“探赜索隐,钩深致远”思之,当以作微妙之义更胜。《庄子》云:“其作始也简,其将毕也必巨,著龟决,皆断于几先。”即其证。蓍龟:蓍草龟甲。“蓍之言耆,龟之言久,龟千岁而灵,蓍百年而神,以其长久能辨吉凶。”(刘向语)莫大于蓍龟,汉书引作“莫善于蓍龟”。

④神物:指蓍龟。则:法。河出图,洛出书:河,黄河。洛,洛水。关于河图洛书众说不一,郑玄认为二者皆为书:“河图有九篇,洛书有六篇。”孔安国认为河图即八卦,洛书即洪范九畴,也有人认为河图洛书为天象图,为玉石宝器等。宋代陈抟等人自称发现了由黑白圆点组成了古河图洛书,邵雍、刘牧等人又传授发明之。图书之学逐渐成为易学中的一大分支,到了清代以胡渭为代表朴学大师经过考证,提出宋人所谓河图洛书是伪造,自此,图书之学开始衰微。战国乃至春秋时代的河图洛书到底是什么样子?有待于考古发掘,进一步证实。

⑤四象:古者多解:(一)“神物”“变化”“垂象”“河图洛书”。(二)水火

木金。(三)阴阳老小。(四)实象,假象,义象,用象。案上下文义,当以阴阳老小为胜。

今译:

所以《周易》中有太极,(由太极)生成两仪,两仪生成四象,四象生成八卦,八卦推断吉凶,吉凶成就大业。所以效法而成像莫过于天地,变化通达莫过于四季,悬垂其象而显著明示莫过于日月,崇实高大莫过于富足尊贵,具备天下之物而致其用,创立与成就器物,以利天下之民,莫过于圣人。探寻事物繁杂,求索事物几微,钩取深奥推致远大,以断定天下吉凶,促成天下几微之事,莫过于蓍龟,所以天生(蓍龟)神物,圣人效法它;天地变化,圣人效法它;天垂示(日月星)象,显示吉凶,圣人效法它;黄河出图,洛水出书,圣人效法它。故《周易》有这四象,昭示其义,系以文辞,所以告人。确定吉凶,赖以推断。《周易》说:"自天祐之,吉无不利。"孔子说:"祐,就是佑助,天所佑助的,是顺从;人所佑助的,是诚信,履行诚信而思于顺天,又崇尚圣贤,所以,'自天祐之,吉无不利'。"

（十四）

子曰："书不尽言，言不尽意。"然则，圣人之意，其不可见乎？子曰："圣人立象以尽意，设卦以尽情伪，系辞焉以尽其言，变而通之以尽利，鼓之舞之以尽神。"[①]乾坤，其易之蕴邪？乾坤成列，而易立乎其中矣。乾坤毁，则无以见易，易不可见，则乾坤或几乎息矣。[②]是故形而上者谓之道，形而下者谓之器，化而裁之谓之变，推而行之谓之道，举而错之天下之民谓之事业。[③]是故夫象，圣人有以见天下之赜，而拟者其形容，象其物宜，是故谓之象。圣人有以见天下之动，而观其会通，以行其典礼，系辞焉以断其吉凶，是故谓之爻[④]极天下之赜者存乎卦，鼓天下之动者存乎辞，化而裁之存乎变，推而行之存乎通，神而明之存乎其人，默而成之，不言而信，存乎德行。[⑤]

注释：

①书：文字。言：言语。意：心意。情伪；真情虚伪。阳为清，阴为伪，阴阳变化，而情伪在其中。变而通之：变化三百八十四爻使之交通。鼓之舞之：就蓍战而言，鼓为动，舞为起行。

②缊：藏。此指渊源。成列：分布，此指乾坤各三爻而成体，阴阳分布。毁：毁弃。息：止。此是说明乾坤为阴阳之宗，变化所出。易无体，以乾坤见之，六十四卦由乾坤所生，乾坤毁，卦爻灭，易即不存在。

③形而上：指超出形体、在形体以外、无形而不可见的、抽象的事物。形而下：指没有超出形体、在形体以内：有形可见的具体的事物。化而裁之：阴阳转化而裁成事物。化，阴阳转化。裁，裁成。推而行之：阴阳推移，行施不穷。举：用，推。《论语·为政》："举直错诸枉。"《礼记·儒行》："怀忠信以待举。"《淮南子·主术》："无小而不举"均是此义。错，通措，当训为置于、施加。

④此节与前八章重复，注详见八章。

⑤存：依存，依赖。卦：卦象。辞：爻辞。变：爻变。神而明之：神妙莫测而能明示。德行：品德行为。

今译：

孔子说:“文字不能写尽言语(所能表达的意思),言语不能表达尽心意(所想到的意境)。”那么,圣人的心意就不可见了吗?孔子说:“圣人创立卦象以穷尽所要表达的心意,设置卦爻以穷尽所要表达的真伪,用文辞以穷尽所要表达的言语,变动(阴阳爻)使之通达,以穷尽天下之利,鼓动起舞(而行蓍)以穷尽其神妙。”乾坤,大概是《易》的渊源吧!乾坤(阴阳)分布排列,而《易》就立于其中了。乾坤毁灭,则无以显现《易》《易》不可现则乾坤也许几乎止息了,所以,形体以上(而不可见)的叫道,形体以下(而可见)的叫器,(阴阳)转化而裁成万物的叫变,(阴阳)推移往来运动的叫通,将(《易》的作用)施加于天下民众的,就叫作事业。所以这卦象,是圣人看见天下事物繁杂,因而比拟其外部形状容貌,象其事物之所宜,这就是卦象。圣人看到天下事物的变动,因而观察其会合变通,以推行其典章礼仪,附上爻辞以推断吉凶,这就是爻。极尽天下繁杂事物的,依存于卦象;鼓动天下变化的,依存于爻辞;(阴阳)转化裁成万物的,依赖于卦变;(阴阳)推移运动的,依存于变通;(蓍占)神妙而能示(吉凶)的,依存于人;在默然中成就一切,不用言语而致诚信,依存于德行(的感召)。

系辞下

(一)

八卦成列,象在其中矣;因而重之,爻在其中矣;刚柔相推,变在其中矣;系焉而命之,动在其中矣。[①]吉凶悔吝者,生乎动者也;刚柔者,立本者也;变通者,趣时者也;[②]吉凶者,贞胜者也;天地之道,贞观者也;日月之道,贞明者也,天下之动,贞夫一者也。[③]夫乾,确然示人易矣;夫坤,隤然示人简矣。[④]爻也者,效此者也。象也者,像此者也。爻象动乎内,吉凶见乎外,功业见乎变,圣人之情见乎辞。[⑤]天地之大德曰生,圣人之大宝曰位,何以守位曰仁,何以聚人曰财。理财正辞、禁民为非曰义。[⑥]

注释:

①八卦成列:八卦各列其位。象:卦象。刚柔:指爻画。阳爻为刚,阴爻为柔。相推:相推移。变:爻之变化。此指九六相变。命:一本作“明”,命、明互通。当训明为是。动:爻象变动。

②趣,趋。时,卦爻之时。即卦爻所处的具体条件。

③贞:正。屈万里先生《读易三种》曰:“贾子《道术篇》:‘言行抱一谓之贞,反贞为伪’,据此贞即真。十三经无真字,盖直妈真也。”笔者以为此说极有新义,足可备一说。笔者提出补证的是:古“贞”“正”互假,“直”“正”互通。《文言》:“直,其正也。”《说文》:“直,正见也。”皆其证。《说文》:“正,是也。”《广雅·释言》:“真,是此也”可知“真”“正”亦同。据此“贞”与“真”相通无疑。观:瞻。一:乾元,即天一,万物始于一而终于一。

④确:《说文》作“隺”,先儒有训为刚健貌者,通观文义,“确”与“颓”对举,当训为高至。天尊故高。易:平易。颓:下坠,从阜。地卑下故曰颓。颓,一本作“退”或作“妥”。古音每随义转,“卑”。“退”声之转,“退”“妥”

音近,故三者互通。

⑤此:代词。此指乾坤易简。“效法之谓坤”,故“爻也者,效此者也”“成像之谓乾”,故“象也,像此者也”。即三百八十四爻效此,六十四卦卦象像此。内:卦内。外:卦外。辞:卦爻之辞。

⑥生:生育。位:职位,《周易》多指爻位。仁:一本作“人”“仁”“人”古者通。《中庸》:“仁也者,人也。”理财:管理财物,正辞:匡正言辞。

今译:

八卦布列(成位),卦象就包含在其中了;又将八卦相重,六爻亦包含在其中了;阴阳刚柔爻画相互推移,变动也包含在其中了;系上文辞而明示,爻动就包含在其中了。吉凶悔吝,产生于爻动;刚柔,是立卦的根本;变通,取义于(卦爻之)时,吉凶,以正而取胜;天地之道,以正而能观瞻;日月之道,以正而得光明;天下之动,以正而归于一。乾,高大而示人平易;坤,卑下而示人简从。爻,仿效于此;卦象,取象于此,爻象发动于(蓍占)内,吉凶显现于(蓍占)外,建功立业显现于知变。圣人的情感体现于卦爻之辞。天地最大的德性是生育,圣人最大的宝是权位。如何守住权位,是行仁政;如何聚合众人,是用财富。而管理财物,匡正言辞,禁止民众为非作歹的是义。

（二）

古者包牺氏之王天下也，[①]仰则观象于天，俯则观法于地，观鸟兽之文，与地之宜，[②]近取诸身，远取诸物，于是始作八卦，以通神明之德，以类万物之情。[③]作结绳而为网罟，以佃以渔，盖取诸《离》。[④]包牺氏没，神农氏作，斲木为耜，揉木为耒，耒耨之利，以教天下，盖取诸《益》。[⑤]日中为市，致天下之民，聚天下之货，交易而退，各得其所，盖取诸《噬溘》[⑥]神农氏没，黄帝、尧、舜氏作，通其变，使民不倦，神而化之，使民宜之。易穷则变，变则通，通则久。是以自天祐之，吉无不利。[⑦]黄帝、尧、舜垂衣裳而天下治，盖取诸《乾》《坤》。[⑧]刳木为舟，剡木为楫，舟楫之利，以济不通，致远以利天下，盖取诸《涣》。[⑨]服牛乘马，引重致远，以利天下，盖取诸《随》。[⑩]重门击柝，以待暴客，盖取诸《豫》。[⑪]断木为杵，掘地为臼，臼杵之利，万民以济，盖取诸《小过》。[⑫]弦木为弧，剡木为矢，弧矢之利，以威天下，盖取诸《睽》。[⑬]上古穴居而野处，后世圣人易之以宫室，上栋下宇，以待风雨，盖取诸《大壮》[⑭]古之葬者，厚衣之以薪，葬之中野，不封不树，丧期无数，后世圣人易之以棺椁，盖取诸《大过》。[⑮]上古结绳而治，后世圣人易之以书契，百以治，万民以察，盖取诸《夬》。[⑯]

注释：

①包牺氏：传说中原始社会圣王，风姓。被称为三皇之一。包，又作“庖”。按《世纪》始取牺牲以供庖厨，故号包牺氏，一本作“伏戏氏”。伏，服。戏，化。据说伏戏画八卦以治天下，天下服而化之，故称“伏戏氏”。中国古代其他典籍又称包戏氏为伏牺、伏羲、炮牺、包羲、庖羲、宓牺等。又说即太昊氏。其族居位于黄河流域自东向西、泰山一带高地，以渔猎为主。为中国东方民族之祖。

②象：天象。法：形。鸟兽：先儒多释为飞鸟走兽者。由上下文义读之，似指天上四象，即朱雀、白虎、苍龙、玄武。文：文彩。与地之宜：《后汉书·荀爽传》引作“与天地之宜”。“宜”在此有适宜、适合之义。

③诸：之乎，即于。神明之德：指天地变化神妙之德，也指健顺动止之

性。类:比拟。情:情况。

④作:始。罔:一本作"纲""网"。《周易集解》虞翻注无"罔"字。取兽之网曰罔。罟:也指网。取鱼之网曰罟。佃:一本作"田",取兽曰佃。渔:通鱼,取鱼曰渔。盖:大概。离:古读罗,帛书《周易》之"离"皆为"罗",离、罗二字通。《方言》:"罗谓之离,离谓之罗。"此指网罗。《离》卦也有网之象。《离》两离相重,离为目,两目相连,外实中虚,互体又有巽,巽为绳,故有结绳为网罟之象。案《系辞》"象也者,像此者也""以制器者尚其象",当知自此以下指"观象制器"之事。

⑤没:终。神农氏:传说中原始社会人物,古史又称炎帝、烈山氏,相传始教民为耒耜以兴农业,尝百草发明医药。故称神农氏。作:起。斲:读zhuó,有砍削之义。耜耒:皆上古农具。耜,读sì,犹如今之犁头。耒,读lěi,犹今之犁柄。耨:读nòu,一本作"钼"。通观上下文义"耨"当作"耜"。《汉书·食货志》引此文作"吕"(耜)。《重定费氏学》云:"王昭素曰:'耨,诸本或作耜'。"即其证。益:指《益》卦,《益》下震上巽,巽为木,为入,震为动,互体有艮坤,艮为手,坤为土、故有手持木入土之象。

⑥日中:中午。致:招致。噬嗑:卦名,有咬合之义,以齿咬物为"噬",合口为"嗑"。《噬嗑》卦下震上离,离为日,为明,震为动,上光明,而下有动,有日中集市之象。

⑦黄帝:姬姓,号轩辕氏,有熊氏,中原部落之祖。尧:陶唐氏,名放勋,又称唐尧。舜:姚姓,有虞氏,名重华,史称"虞舜"。三人为传说中原始社会中人物。案《史记》三人为五帝中三帝。穷:穷极。

⑧垂:垂示。衣,上衣。裳,下服。以衣在上者象天,以裳在下者象地,故衣裳制作取象乾坤。

⑨刳,音kū,一本作"挎",刳、挎二者互通,有剖判义。此指把大凿空。剡:音yǎn,一本作"掞",训为削、锐。楫:一本作"檝",舯桨。《涣》下坎上巽,巽为木、为风,坎为水,有木在水上乘风而行之象。

⑩服:用,驾。服牛即驾牛。案《随·彖》"刚来而下柔",《随》卦是从《否》卦而来,乾为马,坤为牛,如李道平所言:"变乾上为初,变坤初为上,制而御之之妙法也。"(《周易集解·纂疏》)故有服乘马之象。

⑪柝:音tuò。指巡夜敲击的木梆。待:防备。暴客:盗寇。豫:本义指象之大,引申为娱乐。《豫》下坤上震,震为动、为木,坤为夜,互体有艮,艮为

手,故有击梆巡夜之象。又艮为门阙,震倒象也为艮,故有重门之象。

⑫杵:古代舂米用的木椎。臼:舂。济:受益。《小过》下艮上震,互体又有巽,震为动,巽为木,艮为手,有手持木而动、向下而止,即舂米之象。

⑬弦木:曲木加弦。弧:木弓。矢:箭。睽:乘。《睽》卦象上离为矢,中互体坎为弓,故有弓矢之象。

⑭上古:先儒多释为三皇五帝时代。野处:生活于野外。处,在此有停留之义。后世:指三代。栋:栋梁。宇:屋边。又说为房上方屋檐廊檐。宫:室。《大壮》下乾上震,震一阳在下而承二阴,上栋之象。乾三阳在下,宇之象。

⑮衣:依附,覆盖。《说文》:"衣,依也。上曰衣,下曰裳。象覆二人之形。"薪:柴草。中野:荒野之中。不封:不造坟墓。封,聚土为坟,古代坟墓有尊卑之别。《周礼·冢人》:"以爵等丘封之度。"郑注:"王公曰丘,诸臣曰封。"不树:不植树标记。棺椁:古者丧葬设棺椁两层,内层为棺,外层为椁。《大过》卦象下巽上兑,兑为口,巽为木,中互体有乾,乾为人,巽木有口,中有人,故有棺椁之象。一说上为兑,兑反为巽,故《大过》上下有巽,中为人,故有棺椁之象。又说《大过》初上坤爻,即上下皆土,木在土中,棺椁之象。

⑯结绳:结绳记事。书:文字。契:在木竹上刻字。夬:有决断之义。先儒认为:《夬》是由《大壮》阳进而成,乾为金,《大壮》震为竹木,以金决竹木象故为书契。笔者认为《夬》下乾上兑,乾为金,兑为口、为折毁,有以刀契刻之象。

今译:

古包牺氏称王于天下,仰首以观察天象,俯身以取法地形,观察鸟兽的花纹与大地相适宜,近取象于自身,远取象于万物,于是开始创制八卦,藉以通达神明的德性,以类比万物的情状,(包牺氏)结绳索而制作网罗,用来猎兽捕鱼,这大概取象于《离》卦。包牺氏死后,神农氏开始,砍削木头做成了耜,弯曲木头制成了耒,用耒耜耕种的便利,以教天下(百姓),这大概取象于《益》卦。以中午作为集市的时间,招致天下民众,聚集天下货物,相互交换而归,各自获得所需要的物品,这大概取象于《噬嗑》卦。神农氏死后,黄帝、尧、舜氏开始,通达其变革,使百姓不怠倦,神奇而化育。使民众相适应。易道穷尽则变化，变化则（又重新）通达，能通达才可以长久，所以“有来自上天的保佑，吉祥而无所不利。”黄帝、尧、舜垂示衣裳（之用）而天下大治。大概取象于《乾》《坤》二卦。凿空木头以成舟船，刻削木材以成桨楫，舟楫的便利在于渡涉不通（的江河），直至远方，以便利于天下，这大概取象于《涣》卦。乘驾牛马，负载重物至于远方，以便利天下。大概取象于《随》卦，设置重门打梆巡夜，以防盗寇，大概取象于《豫》卦。断削木头作为杵，挖掘地面作臼，臼杵的好处，万民受益，这大概取象于《小过》卦。弯曲木材加弦而为弓，削木以为箭，弓箭的好处，可以威服天下，这大概取象于《睽》卦。上古时候的人在洞穴中居住而生活于野外，后世的圣人改用宫室，宫室上有栋梁，下有檐宇，以防御风雪，这大概取象于《大壮》卦。古时丧葬，只用薪草厚厚裹覆（死尸），埋葬于荒野之中，不聚土做坟墓，不植树为标记，丧期也没有定数，后世圣人改用棺椁下葬，这大概取象于《大过》卦。上古用结绳记事以治理天下，后世圣人，改以契刻文字，百杂有所治理，万民有所稽察，这大概取象于《夬》卦。

（三）

是故《易》者，象也。象也者，像也。[1]彖者，材也。爻也者，效天下之动者也，是故吉凶生而悔吝著也。[2]

注释：

①易：《周易》。象：卦象。像：像形。

②彖：彖辞，即卦辞。材：通裁，有裁断之义。屈万里先生《读易三种》引吴凌云《吴氏遗著》卷一："案古音……彖读若彘，材读若之。"按：甲骨文彖、彘本一字，唐兰《古文字学导论》下编六十一页有说。由上文"象也者，像也"及下文"爻也者，效天下之动者也"之读法思之，当以屈先生引吴说之解为确。

今译：

所以《周易》是讲卦象的，而卦象，是象征万物的，彖辞，是裁断（一卦之义）的。爻，是效法天下万物变动的，因此吉凶产生而悔吝显出。

(四)

阳卦多阴,阴卦多阳,其故何也?[①]阳卦奇,阴卦耦。[②]其德行何也?阳一君而二民,君子之道也;阴二君而一民,小人之道也。[③]

注释:

①阳卦多阴:阳卦多阴爻。震、坎、艮为阳卦,皆由一阳二阴组成,阴卦多阳:阴卦多阳爻。巽、离、兑为阴卦,皆一阴二阳组成,阳爻多于阴爻。

②阳卦奇:阳卦是由一阳二阴,以一阳为主,故曰一阳为奇。阴卦耦:历代有歧,先儒主要有三说:(1)阴卦两阳,两阳为耦。(2)阴卦以一阴为主,一阴为耦。(3)阳为一画,阴为两画,阳卦共五画,阴卦共四画,五画为奇,四画为耦。由下文"一君而二民""二君而一民"思之,当以第二说为是。正如来知德所言:"若依旧注阳卦皆五画,阴卦皆四画,其意以阳卦阳一画,阴四画也,阴卦阳二画、阴二画也,若如此则下文阳'一君''二民',非二民乃四民矣,阴'二君''一民',非一民,乃二民矣。"(《易经集注》)

③德行:品德行为。阳一君而二民:阳卦一阳爻二阴爻,阳爻为君,阴爻为民,阴二君而一民:阴卦二阳爻一阴爻。

今译:

阳卦多阴爻,阴卦多阳爻。原因何在?阳卦以(一阳)奇为主,阴卦以(一阴)耦为主。它的德行如何?阳卦一个国君,两个臣民(二民事一君),是君子之道;阴卦两个国君,一个臣民(一民兼事二君)这是小人之道。

（五）

《易》曰："憧憧往来，朋从尔思。"[①]子曰："天下何思何虑？天下同归而殊涂，一致而百虑。天下何思何虑！日往则月来，月往则日来，日月相推，而明生焉。寒往则暑来，暑往则寒来，寒暑相推，而岁成焉。往者，屈也。来者，信也。屈信相感，而利生焉。[②]尺蠖之屈，以求信也。龙蛇之蛰，以存身也。[③]精义入神，以致用也。利用安身，以崇德也。过此以往，未之或知也。穷神知化，德之盛也。[④]《易》曰：困于石，据于蒺藜，入于其宫，不见其妻，凶。"[⑤]子曰："非所困而困焉，名必辱。非所据而据焉，身必危。既辱且危，死期将至，妻其可得见耶？"[⑥]《易》曰："公用射隼于高墉之上，获之，无不利。"[⑦]子曰："隼者，禽也。弓矢者，器也；射之者，人也。君子藏器于身，待时而动，何不利之有？动而不括，是以出而有获，语成器而动者也。"[⑧]

注释：

①此引《咸》卦九四爻辞。其意为：虽然往来心意不定，朋友们顺从你的想法。憧憧：心意不定。

②此言天道往来自然感应。同归：指同归于"一"，亦即《系辞》："天下之动，贞夫一者也。"涂：同途。即道路。一致：即致一。岁：年。屈：消退。信：通伸，进长。

③此言物理屈伸相感。尺蠖：昆虫。我国北方称"步曲"，南方称："造桥虫"。《说文》云："尺蠖，屈申虫也。"《方言》称为蝍。此虫体细长，行动时，先屈而后伸。蛰：潜藏。

④言学问屈伸相感。利用安身：此"利"，当指上文"屈伸相感而利生焉"之"利"，此"用"，当指"精义入神以致用也"之"用"，故"利用"，实为能达到屈伸相感、精义入神的境界，方可安身。或，有（见王引之《经传释词》）。穷尽知化：穷尽神道，通晓变化。神，阴阳不测，化，变化。

⑤引《困》六三爻辞。其意为：被石头所困，又被蒺藜占据，进入宫室，不见他的妻子，凶。

⑥非所困而困：是释《困于石》。困，困扰。非所据而据：是释“据于蒺藜”。据，占据。

⑦引《解》卦上爻辞。其意为：某公在高墙上射中隼鸟而获之，没有什么不利的。公：古代职称。古分公、侯、伯、子、男五等。隼读：sǔn，鹰类鸟。墉：城墙。

⑧器：器具，此指弓矢。括：一本作“栝”。先儒多认为，古代矢头曰镞，矢末曰括，引申为结阂，结碍。“不括”即畅通自如。然案《群经平议》卷二：“括与适通，《书·君奭篇》‘南宫括’，《大传》作‘南宫适’是其证。《说文》：‘适，疾也。读与括同。’然则‘不括，即不适，言不疾也。藏器于身，待时而动，是君子不疾于动，故曰动而不适。”此说极有新义，应从之。

今译：

《周易》说：“往来心意不定，朋友们顺从你的想法。”孔子说：“天下有什么可以思索，有什么可以忧虑的呢？天下万物本同归（于一）而道路各异，（虽）归至于一，但有百般思虑。（因此）天下有什么可以思索有什么可以忧虑的？日去则月来，月去则日来，日月来去相互推移而光明产生。寒去则暑来，暑去则寒来，寒暑相互推移而一岁形成。往，意味着屈缩：来，意味着伸展。屈伸相互感应而功利生成。尺蠖屈缩，以求得伸展。龙蛇蛰伏，以保存其身。精义能入于神，方可致力于运用。宜于运用以安居其身，方可以增崇其德，超过这些以求往，则有所不知，能穷尽神道，知晓变化，这才是德性隆盛（的表现）。《周易》说：“被石头所困，又有蒺藜占据，入于宫室而看不到妻子，凶。”孔子说：“不该遭受困危的事却受到了困危，其名必受羞辱，不该占据的而去占据，其身必有危险。既羞辱又有危险，死期将到，妻子还能见吗？”《周易》说：“公在高墙上射中了隼鸟，获得它没有什么不利。”孔子说：“隼，是禽鸟；弓矢，是射鸟的器具；射隼的是人。君子把器具藏在身上，等待时机而行动，哪有什么不利的？行动沉着而不急，所以出手而有所获，是说具备了现成的器具然后行动。”

经文：

子曰：“小人不耻不仁，不畏不义，不见利不劝，不威不惩，小惩而大诫，此小人之福也。[①]易曰：‘履校灭趾，无咎。’[②]此之谓也。善不积，不足成名；

恶不积，不足以灭身。小人以小善为无益而弗为也，以小恶为无伤而弗去也。故恶积而不可揜，罪大而不可解。[③]《易》曰：'何校灭耳，凶。'"[④]子曰："危者，安其位者也；亡者，保其存者也；乱者，有其治者也。是故君子安而不忘危，存而不忘亡，治而不忘乱，是以身安而国家可保也。《易》曰：'其亡其亡，系于苞桑。'"[⑤]子曰："德薄而位尊，知小而谋大，力小而任重，鲜不及矣。[⑥]《易》曰：'鼎折足，覆公餗，其形渥，凶。'[⑦]言不胜其任也。"子曰："知几其神乎？君子上交不谄，下交不渎，其知几乎。几者，动之微，吉之先见者也，君子见几而作，不俟终日。[⑧]《易》曰：'介于石，不终日，贞吉。'[⑨]介如石焉，宁用终日，断可识矣。君子知微知彰，知柔知刚，万夫之望。"[⑩]子曰："颜氏之子，其殆庶几乎？有不善未尝不知，知之未尝复行也。[⑪]《易》曰：'不远复，无祇悔，元吉。'[⑫]""天地絪缊，万物化醇，男女构精，万物化生。[⑬]《易》曰：'三人行，则损一人；一人行，则得其友。'[⑭]言致一也。"子曰："君子安其身而后动，易其心而后语，定其交而后求，君子修此三者，故全也。危以动，则民不与也。惧以语则民不应也。无交而求，则民不与也。莫之与，则伤之者至矣。[⑮]《易》曰：'莫益之，或击之，立心勿恒，凶。'"[⑯]

注释：

①耻：辱。畏：惧。劝：勉。威：刑威。诫：即戒。

②此引《噬嗑》初九爻辞。其意为：脚上施以刑具，看不见脚趾，无灾咎。校：古代木制刑具的通称。灭：遮没。

③弗：不。揜：一本作"掩"。训为掩盖，也有训为逼迫。

④引《噬嗑》上九爻辞。其意为：（肩上）荷以刑具，淹没了耳朵，这是凶兆。何：即荷。

⑤引《否》卦九五爻辞。其意为：将要灭亡！将要灭亡！因系于植桑而巩固，苞：植。

⑥知：智，小：唐石经"小"作"少"，《汉书》《三国志》注引《易》同。任：负。鲜：少。及：达到。此指及于刑。吉之先见者也：《汉书·楚元王传》引"吉"下有"凶"字。

⑦引《鼎》九四爻辞。其意为：鼎足折断，将王公的八珍菜粥倒出来，沾濡了四周，这是凶兆。餗：是一种穇与筍做成的八珍菜粥。形渥：沾濡之貌。

⑧几：微。谄：谀。渎：渎慢。吉之先见；据高亨考为"吉凶之先见。"俟：

等待。

⑨引《豫》六二爻辞。其意为：坚贞如同磐石，不待终日，占问得吉。介：中正坚定。亦有释为纤小者。于：如。

⑩断：决断。彰；显明。望：瞻仰。

⑪颜氏之子：指孔子学生颜回。殆：将。庶：近。

⑫引《复》卦初九爻辞。其意为：离开不远就返回。无大后悔，开始得吉。祇：大。

⑬缊：又作"絪缊"。三者音近而通假。缊，指棉絮。絪缊，指气附着交感。案文义当以"絪缊"为是，其余皆假借。醇：本指不浇酒，此指凝厚。构：亦有作"搆""觏"者。有会合。交通之义。

⑭引《损》卦六三爻辞。其义为：三人同行，一人损去；一人独行，则可得其友人。

⑮易：平易。交：交遇。与：助。

⑯引《益》卦上九爻辞。其意为：得不到增益，或许要遭到攻击。没有恒心，必然有凶。

今译：

孔子说："小人不知道羞耻不明了仁义，不使他畏惧不会有义举，不见到功利不能劝勉（他）做好事，不用刑威不能惩罚（制服），小的惩罚使他受到大的戒惧，（以致不犯大罪），这是小人的福气。所以《周易》说：'脚上刑具掩盖了脚趾，无咎。'就是这个道理。善事不积累，不足以成名，恶事不积累，不足以毁灭自身。小人将小的善事视为无益而不去做，把小的恶事视为无伤害而不去掉，所以恶行积累到无法掩盖，罪大恶极因而不可解脱。所以《周易》说：'荷载刑具，掩灭了耳朵，凶。'"孔子说："（倾覆的）危险，是（由于只想）安居其位所致；灭亡，是（由于只想）保全生存所致；祸乱，是由治世引发。所以君子居安而不忘危险，生存不忘灭亡，太平治世而不忘祸乱。只有这样身体平安而国家可以保全。《周易》说：'将要灭亡，将要灭亡，系于植桑而巩固。'"孔子说："德行浅薄而位处尊贵，才智低下而图谋大事，力量微小而肩负重任，很少有不受惩罚的。《周易》说：'鼎足折断，把王公的八珍之粥倒出，沾濡了四周，凶。'这是说不能胜其任。"孔子说："能知晓（事理的）几微，大概是神吧？君子与上相交不谄媚，与下相交不渎慢，这算是知晓几微了。

几,是事物变动细微,吉的显现。君子见已而行动,不待终日。《周易》说:‘坚如磐石,不待终日,占问得吉。’(已经)坚贞如同磐石,(还)宁可用它终日,其决断可以明识了!君子知几微知彰著,知柔顺知刚健,(因而)万众仰慕。”孔子说:“颜回这个人,大概快知晓几了吧!有不善的事未尝不知道,知道后未曾再犯。《周易》说:‘(离开)不远就返回,无大悔,始而吉。’”天地(二气)附着交感,万物化育凝固,男女构精交合,万物化育衍生。《周易》说:“‘三人同行,则损去一人,一人独行,则得到友人。’说的是(合二而)归至于一。”孔子说:“君子先安定下自身后才可以行动,平易其心之后才可以说话,(与人)确定交情之后才有所求。君子能修养到这三种德行,才能全面。(身)处危难而行动,则民众不助,面临恐惧才说话,则民众不响应。没有交情而有所求,则民众不会帮助,不帮助,则伤害的事就来了。《周易》说:‘得不到增益,或许会受到攻击,立心而不恒,有凶。’”

（六）

子曰："乾坤其易之门邪？乾，阳物也；坤，阴物也。[①]阴阳合德，而刚柔有体，以体天地之撰，以通神明之德。[②]其称名也，杂而不越。于稽其类，其衰世这意邪。[③]夫易，彰往而察来，而微显阐幽。[④]开而当名，辨物正言断辞则备矣。[⑤]其称名也小，其取类也大，其旨远，其辞文。其言曲而中，其事肆而隐。因贰以济民行，以明失得之报。"[⑥]

注释：

①乾坤：指经卦乾坤。门：一本作"门户"，犹根本。阳物：乾三画皆为阳，故称阳物。阴物：坤三画皆为阴，故阴物。

②阴阳合德：乾为阳德，坤为阴德。乾坤相互交通。合，交通。刚柔有体；指"六子"，即震、坎、艮有一刚二柔之体，巽、离、兑有一柔二刚之体。体，指卦体。撰：一说为数，万物形体皆受天地之数；一说为所为，体现天地生万物，当以解"撰"为所为，于义更胜。

③名：六十四卦卦名，或说指卦辞。案下文"衰世之意"指文王与纣王时代的事情，即第七章所谓忧患意识，第七章一一列举卦名，说明作《易》者有忧患意识，故"名"当指卦名无疑。于：发语辞。稽：推考。邪：助词。

④彰往；彰明以往之事。察来：察知未来之事。阐，明。

⑤开：启发，阐明。当名：名实相符。辨物：辨别物象。"当名辨物"一语，乃《系辞》受名家思想影响之铁证。正言：正定言辞。断辞：推断之辞，即吉凶等辞。

⑥称名：取名，即六十四卦取名。旨：旨意。文：条理。曲：通"诎"，隐晦婉转。中：适中。肆：直，明显。贰：有二解：一指吉凶，一指"曲而中""肆而隐"，以后者为胜。报：报应。

今译：

孔子说："乾坤，是《周易》的门户吧？乾，为阳物；坤，为阴物。阴阳交合其德,刚柔(爻画)就有了形体,以体现天地所为,以通达神明的德性。其(卦)取名似杂乱不一,但不越份,推考卦名各类,大概是衰世时人的意识吧”《周易》彰明往事而察知来事,而使微者显著阐明幽隐,开启卦之义,使名实相符,以辨别物象。正定(卦爻)言辞,赋上吉凶占断之辞而使之完备。(卦)取名小,它所象征的事类广大,所寓含的旨意深远。所系的卦爻之辞有文才,它的语言隐晦而又合乎中理,它所论述事情既明显而又深藏内涵,总是从两个方面去济助民众行为,以明确失得的报应。

（七）

《易》之兴也，其于中古乎！作《易》者，其有忧患乎！[①]是故履，德之基也；谦，德之柄也；复，德之本也；恒，德之固也；[②]损，德之修也；益，德之裕也；困，德之辨也；井，德这地也，巽，德之制也。[③]履，和而至；谦，尊而光；复，小而辨于物；[④]恒，杂而不厌；损，先难而后易；益，长裕而不设；[⑤]困，穷而通；井，居其所而迁；巽，称而隐。[⑥]履以和行，谦以制礼，复以自知，恒以一德，损以远害，益以兴利，困以寡怨，井以辨义，巽以行权。[⑦]

注释：

①中古：殷末周初。伏羲时代为上古，文王时代为中古，孔子时代为下古。此指文王时代。忧患：忧虑患难。此指作《易》之人处逆境而演《易》。案《系辞》："易之兴也，……当文王与纣之事邪！"《彖传》"内文明而外柔顺，以蒙大难，文王以之。"当知"忧患"即文王被囚于羑里之事。

②履：帛《易》"履"皆作"礼"，《序卦》训履为礼，《履》卦下泽上天，故有上下尊卑等级分明之义，履又有践履之义。基：基础。践而履故曰德之基。谦，有谦逊、退让之义。柄：本，即把柄。谦持礼如柄之持物，故曰柄。复：有复返之义。本：根本。复归人性初善，故为德之本。恒：有恒久之义。固：牢固，即常守而不变。

③损：有减损之义。修：一本作"循"，修循二者通，训"修"为治理，修养，益：有增益之义。裕：宽裕，优裕，扩充。辨：分别。地：地方。此以井水养人而不穷，说明养为德之地。制字有裁断之义。《彖》称"重巽以申命"，《象》曰"君子以申命行事"，故申命以明"制"。

④和而至：履训为礼，《荀子》云："礼者，人之所履也。"《论语》："礼之用，和为贵。"故和而至。和，不争。尊而光：王引之："尊，读撙，节退让之撙。撙之言损也，小也。光之言广也，大也。"此释甚确，当从之。小：谓《复》卦一阳居下。物：指坤阴物。

⑤杂而不厌:《恒》卦刚柔皆应而其文交错,故曰杂,自守恒久不已故曰不厌。先难而后易:减损以修身,故先难,修身无患,故后易。长裕不设:增进饶裕,不待设施。不设,不陈设,不夸大。《彖传》曰:"天施地生,其益无方,凡益之道,与时偕行。"即"不设"之义。

⑥穷而通:《困》卦兑泽干于上则谓穷,坎水流于下则谓通。居其所而迁:井不动故谓居其所,即《井》卦所谓"改邑不改井",能不断出水而利民故谓迁。即《序卦》所谓"井道不可不革"。称而隐:巽为木,称从禾,《说文》:"禾,木也。"故巽曰称。称,本指铨,此指称量。巽,通逊。《彖》之《蒙》"顺以巽也",郑本作逊,马云:"巽,逊也。"逊有隐退之义,故巽又曰隐。从卦象看。巽二阳在上谓称,一阴入下谓隐。

⑦制礼:制订礼仪。自知:复返自省有不善未尝不知。远害:减损私欲可以远离灾害。兴利:产生功利。寡怨:减少怨尤。辨义:井水养人可以明辨君子之义。行权:申命故行权。

今译:

《周易》的成书,大概是中古时代吧。作《周易》的人,大概充满着忧患意识吧!所以礼,这是德性的基础;谦,是把握德性的柄;复,是德性的根本;恒,是德性的修固;损,是对德性的修养;益,是德性的宽裕;困,是德性的辨别;井,是育德之地;巽,是对德的裁断。礼,和悦而践行;谦,尊让而光大;复,微小而能识辨于物;恒,(遇事)杂乱恒定而不厌倦;损,是(减损私欲)起初难而以后易;益,增长宽裕而不摆设(夸耀);困,穷困而能通达;井,居其所而迁养(民众);巽,称量事物隐藏而不露。礼以和而行事;谦以制订礼仪,复可以自知,恒因恒守一德,损以远离灾害,益以兴隆其利,困可以减少怨尤,井(养民)可以辨其义,巽可以申命行权。

(八)

《易》之为书也不可远,为道也屡迁。变动不居,周流六虚,上下无常,刚柔相易。[①]不可为典要,唯变所适。其出入以度,外内使知惧,[②]又明于忧患与故,无有师保,如临父母。初率其辞而揆其方,既有典常,苟非其人,道不虚行。[③]

注释:

①不可远:指易道广大悉备,言尚辞,动尚变,制器尚象,卜筮尚占,故曰不可远。一说不可远离阴阳物象而妄为,可备一说。迁:徙。居:止。六虚:六位。虚是以实而言,位本无实;因爻而显示,位未有爻曰虚。上下:指一卦六爻上下。相易:相易位。

②典要:典常要道,即经常不变的规则。适,往。此指"之卦"。如《乾》五变之《大有》。使其出入以度,使外内知惧:先儒众说不一,莫衷一是,朱熹唯恐释之有误,未敢训解,只写下"此句未详,疑有错误"。今列以下几种观点解释:(一)出乾为外,入坤为内,日行一度,故出入以度,出阳知生,入阴惧死,使知惧(虞翻语)。(二)行藏各法度不可违,使隐显之人知具于《易》(孔颖达语)。(三)出入以一卦内外言之,两体也,出者,自内之外往也;入者,自外之内来也,以适度内外之际,而观消息盈虚之变,出入进退之理,使知戒惧;(朱震语)。(四)《易》虽不可为典要,而其出入往来皆有法度,卦之外内皆足以使人知畏惧(潘梦旗语)。(五)人入而在内,出而在外皆有法度,不敢妄为(蔡清语)。(六)出,谓升上,入谓降下。外者,上也;内者,下也。卦画出而外,入而内皆以其度,或一体自易,或二体互易,六子八辟之所变。各二卦,泰否二辟之所变各九卦,如度之分寸,各有界限,不可僭差,人事之或出或入亦如卦画之出入以度,其出入动循礼法,使出而在外,入而在内之时,惕然知所畏惧(吴澄语)。(七)所系之辞或出或入,皆有一定法度,立于内外爻辞之间,使人皆知畏惧(来知德语)。统观上下文义,朱震、吴澄之说为胜,即出入,指阴阳屈伸消息。出,自内到外,即往;入,自外到内,即来。内外:内

外卦。

③故:事,缘故。与:助词。师保:古代负责教育辅导贵族子弟的人。临:亲临。初:始。率:一本作“帅”。案《诗》“率时农夫”,《文选·东都赋》注引《韩诗》作“帅时农夫”,《礼》注“故书帅为率”,《仪礼》注“古帅为率”,故二字互通。此训率为循。辞:卦爻辞。揆:度。方:此训为道。苟:若。道不虚行:易道不会凭空而自行。此言易道行于世皆圣人之功。

今译:

《周易》这部书不可疏远,它所体现的道,经常变迁,变动而不固定,周流于(卦的)六位,或上或下无常规,阳刚阴柔相互变易,不可当成不变法则,唯有随爻之变而有所(生成)之卦,其(阴阳)屈伸往来皆有法度,在外在内而使之畏惧,又明示忧患的缘故,虽没有师保教导,但如同在父母身边。起初若依循卦爻之辞而揆度其道义,(则《易》)也有典常可寻,若不是圣人(阐明此道),易道不会凭空行于世。

(九)

《易》之为书也,原始要终,以为质也。[1]六爻相杂,唯其时物也。其初难知,其上易知,本末也。[2]初辞拟之,卒成之终。若夫杂物撰德,辨是与非,则非其中爻不备。[3]噫!亦要存亡吉凶,则居可知矣。知者观其彖辞,则思过半矣。二与四同功而异位,其善不同,二多誉,四多惧,近也。[4]柔之为道,不利远者,其要无咎,其用柔中也。三与五,同功而异位,三多凶,五多功,贵贱之等也。其柔危,其刚胜邪?[5]

注释:

①原始要终:与《系辞上》"原始反终"相似,穷其事物之初,又要会事物之末。始,初。要,约。初爻代表事物之初,故称"始"。终,终结。上爻代表事之末,故曰终。质:体。

②杂:阴阳错杂。时物:指不同条件下的事物。时:时机。卦有卦时。爻有爻时。物:事。初:初爻。上:上爻,难知:初爻处下代表事之微,故曰难知。易知:上爻代表事物终结而彰明,故曰易知。本末:指初爻上爻。

③初辞:初爻之辞。拟:此类。卒成:事最后形成。终:上爻之辞。杂物指阴阳杂居。杂,错杂。物,事,即爻不同代表事物不同。"爻有等,故曰物"。撰:一本作"算",此当训为论述。辨:别。中爻:指卦中四爻。

④噫:叹词。要:求。彖辞:即卦辞。二与四同功:二与四同为阴位同互一卦,有相同的功用。异位:指二与四处不同位置,二处内卦,四处外卦;二居中,四失中。近:就四而言,四多惧因近五之君。

⑤不利远:阴不利于疏远九五,此就二言之。柔中;二以柔居中。三与五同功而异位:三五同为阳位,同互一卦,故曰同功,五居中在外卦,三失中而在内卦,故曰三五异位。胜:胜任。邪:不定之辞。

今译:

《周易》这部书,推原求末,以为体。六爻(阴阳)错杂,代表不同时间的事物,其初爻(象征事物之始)难以知晓,其上爻(象征事物的终结,事情已经明显)容易知晓,(因为初爻、上爻)是卦的本末。初爻之辞拟成(事物开端),(上爻之辞象征)事物最后形成。如果杂糅代表不同事物的爻,撰述(阴阳刚柔的)德性,辨别其是与非,则非中间四爻不算完备。噫!也要求存亡吉凶,则居(观其象)可以知道。智者观玩彖辞,则理解可以超过一半。二爻与四爻有相同的功用,但爻位不同。(所以)它们的善吉不同,二多荣誉,四多畏惧,因接近(五之君位)。阴柔之道,本不利于远离(九五),(二远五)其大要归于无咎,是以柔居中的缘故。三爻与五爻有相同的功用,但爻位不同。三爻多凶险,五爻多功绩,这是位之贵贱等级造成的。(三五阳位)若阴柔处之则危险,而以阳刚则能取胜吗?

（十）

《易》之为书也，广大悉备，有天道焉，有人道焉，有地道焉。兼三材而两之，故六。六者，非它也，三材之道也。[①]道有变动，故曰爻。爻有等，故曰物。物相杂，故曰文。文不当，故吉凶生焉。[②]

注释：

①悉：全，都。材：一本作"才"，二者通。三才即天地人。

②道：三才之道。等：阴阳贵贱之差等：物，事物。此指阴阳二物，阳爻代表阳物，阴爻代表阴物。文：文彩。不当：谓阴物（爻）居阳位，阳物（爻）居阴位。

今译：

《周易》这部书，广大而完备，有天道，有人道，有地道。兼备天地人三才而两两相重，所以成为（一卦）六画。六画不是别的，是三才之道。道有变动，所以称为爻。爻有不同等级，故称为物，物（阴阳）相杂，故称为文彩，阴阳两爻不当位，所以吉凶产生。

（十一）

《易》之兴也，其当殷之末世、周之盛德邪？当文王与纣王之事邪？[①]是故其辞危，危者使平，易者使倾。[②]其道甚大，百物不废，惧以终始，其要无咎，此之谓《易》之道也。[③]

注释：

①文王与纣王之事：指《周易》反映的是商纣王把周文王囚禁在羑里这一历史事件。即《彖》释《明夷》所谓"内文明而外柔顺，以蒙大难，文王以之"。

②辞：指《周易》卦爻辞。危：危惧。易：平易。倾：覆。

③其：代词。指卦爻辞。不废：无所遗。要：要旨。

今译：

《周易》成书，大概当在商代末期，周代德业隆盛之时吧？反映的当是文王与纣王的事情吧？所以《周易》含有危惧之辞，（其辞）由危惧变得平易，由平易变得倾覆。《周易》卦爻辞中所蕴含的道理十分博大，百物皆具备其中而无所遗弃。（卦爻辞中）这种危惧一致贯串《周易》的始终。其大要归于无咎。这就是《周易》的道理。

（十二）

夫乾，天下之至健也，德行恒易，以知险。夫坤，天下之至顺也，德行恒简，以知阻。[①]能说诸心，能研诸侯之虑，定天下之吉凶，成天下之亹亹者。[②]是故变化云为，吉事有祥。象事知器，占事知来。天地设位，圣人成能。人谋鬼谋，百姓与能。[③]八卦以象告，爻象以情言，刚柔杂居，而吉凶可见矣。变动以利言，吉凶以情迁，[④]是故爱恶相攻，而吉凶生。远近相取，而悔吝生。情伪相感，而利害生。[⑤]凡《易》之情，近而不相得则凶，或害之，悔且吝。[⑥]将叛者，其辞渐。中心疑者，其辞枝。吉人之辞寡。躁人之辞多。诬善之人，其辞游。失其守者，其辞屈。[⑦]

注释：

①至健：乾纯阳故“至健”。德行恒易：指德行永远是平易近人。即《系辞》所谓“乾以易知”及“易知则有亲”。简：简约。知：犹主、为。

②说：悦。研：研磨。侯之：先儒多认为衍文。案与前句“能说诸心”对举，思之有两解：一、如先儒所言，“侯之”为衍文；二、“能说诸心”脱“侯之”二字。此二者皆可通。然由下文“定天下”与“成天下”对举思之，当以前者之说于义更胜。亹亹：先儒多释为勉勉；勤勉。此释为微妙（详见《系辞》上十二章注）。

③云为：云，有。即有所作为。祥：善福。圣人成能：指圣人效法天地作《易》，赞天地之化育，即成就天地之功能。人谋：指求谋卿士。谋，图谋，求教。鬼谋：指求谋卜筮。百姓与能：指求谋于庶人。

④象：卦象。爻象：爻辞卦辞。情：情感，性情。变动：爻之变动。利：指爻之变动教人趋吉避凶。迁：徙。

⑤爱恶相攻：指刚柔相摩。爱恶就爻之情而言，阳之情为爱，阴之情为恶。攻，摩。远近相取：或取远应而舍近比，或取近比而舍远应。远，指爻应与不应。近，近比。情伪相感：实情和虚伪相互感应。情，实情，阳为实。

伪,虚伪,阴为虚。

⑥近而不相得:两爻相比阴阳相违背。或害之;阴为害,以阴居阳,以阳居阴,阳皆受害。

⑦叛:背叛,叛逆。渐,通惭,先儒多释为惭愧。枝:树枝。此指像树枝,分枝不一。寡:少。躁,浮躁。游:游移不定。屈:卑屈不伸。此节先儒理解多异:有说谈坎、离、艮、震、兑、巽六种人之言(虞翻),有说为爻位当位失位及变化等(姚配中),有说人之辞由情而生,故《易》之辞亦由情而生。似第三者于义为胜。笔者曾指出《周易》古经中有相面之内容(如《颐卦》),笔者以为《系辞》中的这段文字,恐亦是战国人谈相的内容。

今译:

乾,天下它最刚健,其德性永远平易,而主艰险;坤,天下它最柔顺,其德性是永远简约,而主阻难。(易简之理)能愉悦人心,研究其忧虑,判定天下的吉凶,促成天下几微之事。所以知变化而有所作为,吉庆的事有福祥之兆,观卦象可以知道器物制作,筮占可以预知未来。天地设立自己的位置,圣人(效此)而成就天地的功能。人的智谋与(卜筮所现)鬼神的智谋,百姓也能参与谋事。八卦以卦象告知,卦爻辞以实情说明。刚柔(爻画)互相杂居,而吉凶可以显现。爻的变动是以利表达,吉凶随爻实情而变迁,所以爱与恶相互攻击,而吉凶生成。(爻的)远(应)与近(比)相互取舍,而悔吝产生,真情与虚伪相互感应,于是利与害产生。凡《周易》所论的情感,(两爻)相近比而不相得则必有凶,或者有伤害,悔恨且有吝难。将要背叛的人,他的言辞惭愧躲闪,心中有疑惑的人,他的言辞枝分不一。吉人的言辞很少。浮躁人的言辞很多。诬陷好人的言辞浮游不定。丧失操守的人言辞屈服。